Cornelia Topf

Rhetorik für Frauen

Sagen Sie, was Sie meinen – erreichen Sie,
was Sie wollen!

REDLINE | VERLAG

Bibliografische Information der Deutschen Nationalbibliothek
Die Deutsche Nationalbibliothek verzeichnet diese Publikation in der Deutschen National-
bibliografie. Detaillierte bibliografische Daten sind im Internet über http://dnb.d-nb.de
abrufbar.

ISBN 978-3-86881-020-2

2., aktualisierte und erweiterte Auflage 2009

© 2009 by Redline Verlag, FinanzBuch Verlag GmbH, München
www.redline-verlag.de

Redaktion: Leonie Zimmermann, Landsberg am Lech
Lektorat: Kerstin Weigel, München
Umschlaggestaltung: Weiss Werkstatt München
Umschlagabbildung: plainpicture – hasengold
Satz: Jürgen Echter, Landsberg am Lech
Printed in Austria

Inhaltsverzeichnis

Anmerkung

Um das Arbeiten mit diesem Buch für Sie möglichst einfach und effizient zu gestalten, haben wir wichtige Textpassagen mit folgenden Icons gekennzeichnet:

 Achtung, wichtig

 Aufgabe, Übung

 Das sollten Sie auf jeden Fall vermeiden.

 Beispiel

 Tipp

Vorwort

Die Sprache ist die Mutter, nicht die Magd des Gedankens.
Karl Kraus

Haben Sie sich heute schon selbst zugehört?

Zugegeben, eine etwas ungewöhnliche Übung, aber sehr lohnend. Und wenn Sie gerade dabei sind, hören Sie auch gleich einigen Männern zu, am besten am Arbeitsplatz. Der Unterschied springt förmlich ins Ohr: Frauen reden anders als Männer. Sie werden jetzt sagen: Das ist doch klar! Mag sein, aber die bitteren Folgen sind uns leider nicht ganz so klar.

Wir alle wissen, dass Männer anders reden – immerhin regen wir uns fast täglich über diverse Macho-Sprüche, verbale Muskelspielchen, das typische mangelnde männliche Verständnis und das Sprachimponiergehabe vieler Männer auf. Gleichzeitig wissen wir nur zu gut, dass Frauen für dieselbe Arbeit immer noch deutlich weniger Gehalt, weniger Anerkennung, Unterstützung, Aufstiegschancen und Privilegien bekommen. Aber: Wir setzen beide Phänomene meist nicht in den direkten Zusammenhang.

Wir tun so, als ob beide nicht wirklich etwas miteinander zu tun hätten. Dabei ist der Zusammenhang klar wie Kloßbrühe: Das eine ist die Ursache des anderen. Frauen sprechen anders als Männer – deshalb haben sie es schwerer in Beruf und Gesellschaft (und nicht selten sogar in der Beziehung). Eben weil Frauen eine andere Sprache sprechen, bekommen sie nicht die Anerkennung und das Gehalt, das sie verdient haben und das ihnen zusteht. Frauen reden sich beruflich täglich, wenn auch unbewusst, um Kopf und Kragen. Wenn beispielsweise der Toner vom Kopierer leer ist, sagt der Abteilungsleiter: „Meier, füllen Sie endlich das verdammte Ding nach!" Die Abteilungsleiterin dagegen sagt: „Beim Kopierer sollte

Frauen sprechen anders

gelegentlich mal jemand den Toner auffüllen." Und nun raten Sie mal, auf welche Bitte hin der Toner (schneller) nachgefüllt wird, wer bei der Geschäftsführung im Ruf steht, seine Abteilung „voll im Griff" zu haben, und deshalb eher befördert wird, welche der beiden Führungskräfte manchmal das Gefühl hat, sich nicht durchsetzen zu können, und wer von beiden Probleme hat, von seinen Mitarbeitern vorbehaltlos als Vorgesetzter anerkannt zu werden. Eine rhetorische Frage? Buchstäblich.

Frauen sabotieren sich selbst

Die weibliche Rhetorik – und nicht so sehr die bösen Männer! – hält Frauen im Beruf und anderswo davon ab, das zu bekommen, was ihnen zusteht. Frauen sabotieren sich mit ihrem typisch weiblichen Sprachstil selbst – oft besser, als das selbst der schlimmste Chauvi könnte. Heißt das, dass Sie ab sofort so grob, direkt und aggressiv reden müssen wie ein Kerl, um es zu was zu bringen?

Das ist leider die verführerischste Schlussfolgerung, der Frauen im Beruf auf den Leim gehen. Zwar gibt es Frauen, die Sprüche klopfen wie ein Mann. Wem das liegt – nur zu! Doch die meisten Frauen möchten sich nicht derart verbiegen, sich und anderen Sprachgewalt antun. Und Sie brauchen das auch gar nicht: Es gibt eine Rhetorik, die weiblich und trotzdem – nein, gerade deshalb – durchsetzungsstark, authentisch und beziehungsfreundlich ist.

Diese Rhetorik entdecken und erwerben Sie auf den folgenden Seiten. Die angenehmen Auswirkungen werden Sie sofort spüren: Oft genügen schon wenige veränderte Worte, um sich durchzusetzen, um endlich das zu bekommen, was Sie sich wünschen und was Ihnen zusteht, und trotzdem – nein, gerade deshalb – von allen gemocht und respektiert zu werden. Denn frau muss nicht grob werden, um sich durchzusetzen. Wer rhetorisch beschlagen ist, kann auf Grobheiten gut und gerne verzichten. Gute weibliche Rhetorik ist sanft und wirkungsvoll zugleich.

Die Sprache ist die Mutter des Erfolgs. Sind Sie bereit für Mutterfreuden?

1 Frauen reden sich um Kopf und Kragen

Ich sagte im Meeting mal einem Kollegen,
dass ich seine emotionale Seite sehr schätze.
Er ging mir danach im Flur fast an den Kragen:
»Wie kannst du mir so was vorwerfen! Vor den Kollegen!«
Verdutzte Gruppenleiterin

Männer haben keine Muttersprache

Wir wissen, dass Frauen anders reden als Männer. Und obwohl die Unterschiede massiv sind, nehmen wir unwillkürlich an, dass deren Folgen es nicht sind.

Männer	Frauen
geben Anweisungen	geben Anregungen
üben Kritik	geben Anerkennung
reden offen und direkt	reden indirekt
übertreiben gern	untertreiben eher
machen verbal Wellen	pflegen das Understatement
posaunen ihre Erfolge herum	stellen Erfolge unter den Scheffel
kommunizieren sachorientiert	reden beziehungsorientiert
vereinnahmen Erfolge für sich	geben Lorbeeren weiter

fischen nach Lob	lehnen Komplimente ab
machen Vorwürfe	nehmen in Schutz
reden oft arrogant	reden hübsch bescheiden
werden bei Kritik persönlich	werden bei Lob persönlich
kommandieren gern herum	bitten oder fragen
loben gern sich selbst	loben gern andere

Sie haben bei jeder Tabellenzeile stumm genickt? Eben. Jede Frau erlebt diese Unterschiede täglich. In diesem Zusammenhang von »Muttersprache« zu reden ist eine Beschönigung: Keine Mutter würde jemals so grob mit ihren Kindern sprechen, wie Männer täglich reden. Männer haben keine Mutter-, sie haben eher eine Vatersprache.

Männer sind wie Ochsenfrösche

Den Sprachunterschied zwischen Männern und Frauen könnte man und vor allem frau vielleicht noch verschmerzen oder als hübsches Sprachphänomen einordnen, wenn er keine weiteren Folgen hätte. Doch die Folgen sind gravierend.

So zeigen Studien, dass Frauen auch deshalb weniger verdienen als Männer, weil Frauen viel weniger oft von sich aus Gehaltsgespräche initiieren und während des Gesprächs viel weniger und viel weniger gewichtige Argumente für ihr Anliegen vorbringen – obwohl sie die Gehaltserhöhung in der Mehrzahl der Fälle rein objektiv betrachtet eher verdient hätten als der Kollege, der sie dann tatsächlich kriegt: Das Wort ist eben mächtiger als das Schwert. Und wer das falsche Wort wählt, zahlt in harter Währung drauf!

Warum zahlen Frauen drauf? Schauen Sie nochmals die Tabelle oben an. Wie wirkt die männliche Sprache? Imposant, arrogant, beeindruckend, seriös, durchsetzungsstark, aggressiv, selbstbe-

Das Wort ist mächtiger als das Schwert

wusst – das sind die Attribute, die von Männern wie Frauen gleichermaßen am häufigsten genannt werden.

 Männer blasen sich mit ihrer Sprache auf (der sogenannte Ochsenfrosch-Effekt), Frauen machen sich mit ihrer Sprache klein.

Da haben wir's mal wieder: Die bösen Männer und die blöden Frauen. Stimmt aber so nicht.

Absichtslose Chauvis

Männer blasen sich verbal zwar auf wie Ochsenfrösche. Doch Männer sind genauso wenig böse wie Ochsenfrösche. Denn sie blasen sich genauso unbewusst auf, wie der Ochsenfrosch das auch tut. Da steckt keinerlei Absicht dahinter. Im Gegenteil. Den meisten Männern ist es ausgesprochen peinlich, wenn sie manchmal – natürlich erst hinterher – bemerken, wie sie sich sprachlich mal wieder künstlich aufgeblasen haben.

Das ist auch der Grund, warum bei der Erziehung der Kinder, in unseren Schulen und Universitäten und am Arbeitsplatz so gut wie nichts gegen den diskriminierenden Sprachunterschied unternommen wird.

 Sprache ist eines der letzten Mysterien unserer Zeit. Denn Sprache ist in der Regel unbewusst.

Und solange Sprache unbewusst bleibt, werden Männer immer das größere Stück vom Kuchen bekommen und Frauen immer fassungslos daneben stehen und die Ungerechtigkeit nicht fassen können. Ist das nicht frustrierend? Nein, das ist ganz wunderbar. Denn indem Sie diese Zeilen lesen, legen Sie den Fluch des Unbewussten bereits ab. Sie halten dieses Buch in Händen – also ist Ihnen der unbewusste Sabotagefaktor der weiblichen Sprache bereits ein wenig bewusst. Gratuliere! Sie emanzipieren sich gerade

Warum kriegen Männer immer das größere Stück vom Kuchen?

aus dem Klammergriff der Opfersprache. Werfen wir gemeinsam die restlichen Fesseln ab.

Die Wirkungsfessel

Dass der kleine Sprachunterschied Frauen immer noch derart benachteiligen kann, liegt auch daran, dass wir alle zwar täglich jede Menge reden – doch kaum eine(r) denkt über die Wirkung der eigenen Worte nach.

So treffe ich immer wieder Frauen, die beim Kopierer-Beispiel (s. Vorwort) verdutzt fragen: »Ja, das passiert mir auch dauernd. Warum muss ich etwas erst dutzendmal sagen, bevor es gemacht wird?« Weil die verwendete Sprache relativ wirkungslos ist. Schlimmer: Weil viele Frauen nie über die Wirkung der eigenen Sprache nachdenken.

Das machen Männer übrigens auch nicht – deshalb sind sie ja so peinlich berührt, wenn zum Beispiel die Partnerin nach einer Party sagt: »Wie konntest du unserem Gastgeber denn nur aufs Brot schmieren, dass unsere Terrasse viel größer ist als seine? Das war mir soo peinlich! Mit dir kann man nirgendwo hingehen!« Einem echten Mann ist das peinlich, weil ihm das – und bitte glauben Sie ihm – wirklich »einfach nur so rausgerutscht ist«. Er hat sich tatsächlich nichts dabei gedacht. Nicht, weil sein Hirn nicht groß genug dafür wäre, sondern weil Sprache wie der Kniesehnenreflex ist: hundertprozentig unbewusst. Damit wären Männer wie Frauen gleich schlecht gestellt, wenn es nicht den fiesen kleinen Unterschied gäbe.

Sprache geschieht unbewusst

 Männer reden genauso unbewusst wie Frauen. Bei Männern hat die unbewusste Sprache in Beruf und Gesellschaft jedoch positive, bei Frauen leider äußerst negative Folgen.

Männer treten unbewusst oft auf wie die Sprach-Djangos – und setzen sich wie Django durch: zielsicher, schnell, direkt, oft blutig, aber in konventionellen Maßstäben gemessen äußerst wirkungsvoll und erfolgreich. Frauen dagegen beklagen sich im beruflichen Kontext immer wieder, dass sie übersehen, untergebuttert werden, sich nicht so recht durchsetzen können. Das wundert Sie jetzt nicht mehr wirklich, oder? Die Sprache ist schuld daran. Und eine weitere geistige Fessel.

Frauen unterschätzen die Wirkung der Sprache

Wenn wir in exklusiven Frauen-Coachings und -Trainings den kleinen Sprachunterschied und seine großen Folgen diskutieren, dann heben irgendwann zwei Drittel der Teilnehmerinnen die Hand und sagen: »Aber das kann doch nicht sein. Es kommt doch nicht auf die Worte an, sondern auf die Leistung, die Ergebnisse, die Kompetenz und den Einsatz bei der Arbeit!« Ohne Witz – das sagen Frauen.

Wenn ich dieses Argument Männern vorstelle, lachen die einen spontan lauthals, die anderen lächeln verlegen und sagen dann etwas ganz Typisches: »Natürlich kommt es auch auf die Leistung an – aber doch noch viel mehr, wie man seine Leistung und vor allem sich selbst verkauft!«

Frauen sind im Beruf und anderswo ungeheuer engagiert, hängen sich rein, opfern sich auf, rackern und kämpfen und machen und stemmen – und ernten dafür ein Minimaß an Anerkennung, das jeden rechtschaffenen Menschen vor Zorn die Fäuste ballen lässt. Warum?

Kommt es wirklich nur auf das Ergebnis an?

 Männer leisten 50 Prozent und stellen es als 100 Prozent dar. Frauen leisten 100 Prozent und verkaufen es als 50 Prozent – wenn überhaupt!

Männer leisten weniger und bekommen mehr Anerkennung

Ich bin noch keiner Frau begegnet, die bei dieser Erkenntnis nicht genickt und gesagt hätte: »Ja, genauso ist das!« Und die das nicht brüllend ungerecht gefunden hätte. Stimmt, das ist fies. Männer leisten weniger und bekommen dafür mehr Anerkennung, weil sie mehr Wind darum machen. Wie gemein!

Und – was wollen Sie nun machen? Schmollend die Lippen schürzen und sich in die Trotzecke zurückziehen? »Aber ich möchte doch nicht so angeberisch reden wie Männer!« Wer sagt denn, dass Sie das sollen? Gerade aus diesem Grund haben wir uns doch hier getroffen: Damit Sie eine Sprache kennenlernen, die nicht angeberisch ist, Ihr Licht jedoch nicht länger unter den Scheffel stellt. Doch bevor wir den Scheffel (übrigens ein antiker Messbecher) vom Licht nehmen, schütteln Sie noch eine Fessel ab.

Die Sympathiefessel

Gehen Sie nochmals zur Tabelle des kleinen Sprachunterschieds zurück (s.o.). Wie finden Sie einen Menschen, der mit den Attributen der rechten Spalte redet? Das einhellige Urteil von Männern wie Frauen ist: sympathisch, nett, lieb, freundlich, höflich, beziehungsorientiert, aufbauend, tröstend. Der Clou daran ist: Auch wenn ein Mann mit diesen Attributen spricht, wird er als charmant und liebenswert wahrgenommen, was eine Linguistin einmal zu dem Spruch veranlasste: »Nicht das X-Chromosom macht die Frau, sondern die Sprache.« Deshalb funktionieren auch Filme wie *Tootsie* oder *Mrs. Doubtfire*: Selbst Dustin Hoffman oder Robin Williams gehen als Frau glatt durch, wenn sie im Fummel wie eine Frau *reden*.

 Die weibliche Sprache lässt Frauen (und Männer!) lieb und nett erscheinen.

Der weibliche Sprachstil ist beziehungsorientierter

Der weibliche Sprachstil ist eben beziehungsorientierter, kollegialer und harmonischer als der männliche. Das ist wunderbar! Das macht Frauen für und in Beziehungen attraktiv, das gibt Harmonie in der

Familie, das hebt das Arbeitsklima an jedem Arbeitsplatz. Das wird sogar im Big Business weidlich ausgenutzt. Wenn bei millionenschweren Beratungsaufträgen zum Beispiel die Consultants des Unternehmensberaters (natürlich alles Männer) den Kunden mit ihren blutigen Kündigungsorgien-Konzepten derart überfahren haben, dass er nicht mehr mit den Beratern spricht, keine Termine mehr vereinbart und mit Vertragskündigung droht, dann schickt man »die Mädels« los, um den Beziehungsschaden, den die jungen, dynamischen und arroganten Schnösel angerichtet haben, mit viel Beziehungskompetenz zu kitten. Das ist ein Standardverfahren in dieser durch und durch testosteronen Branche. Das heißt:

 Die weibliche Rhetorik hat unübersehbare Vorteile.

Vorteile übrigens, für die viele Männer ihren rechten Arm geben würden. Ich kenne eine Menge Consultants, die es sehr bedauern, mit Kunden nicht so toll umgehen zu können wie einige Kolleginnen. Der Haken daran ist bloß:

 Was Frauen im einen Kontext lieb und nett aussehen lässt, lässt sie im anderen durchsetzungsschwach erscheinen.

Das ist der Grund, warum viele Business-Männer über Frauen sagen: »Nicht tough enoug fürs Business«, »Die ist doch viel zu nett!«, »Die kann nicht beißen.« Oder ein Standardspruch im Management: »Mädel hier nicht rum!«, will heißen: Sei kein Weichei! Folgerichtig beklagen sich viele berufstätige Frauen:

- ❏ »Die Kerls nehmen mich einfach nicht ernst.«
- ❏ »Wenn ich nicht auf den Tisch haue, werde ich ständig übersehen.«
- ❏ »Ich bin zwar Führungskraft, aber die Kollegen nehmen mich nicht ganz für voll.«

Nicht tough enough?

❏ »Was ich reden muss, bevor einer meiner Vorschläge endlich angenommen wird. Die Kollegen müssen bloß husten, damit man ihnen alles vor die Füße legt!«

Leider alles eine Folge der Sprache: Wer lieb und nett spricht, spricht eben nicht durchsetzungsstark.

Sprachliche Flexibilität

Wenn Sie Ihren unbewussten Sprachmustern folgen, werden Sie der Freundin, dem Beziehungspartner, Kindern, Eltern, Verwandten, Kollegen, Kunden und Mitarbeitern als äußerst sympathisch und nett erscheinen. Das ist wirklich eine rundum gute Sache und ein Sympathiefaktor, um den Sie jeder Mann heftig beneidet.

Sympathie oder Durchsetzungsvermögen?

Das Problem ist nur: Wenn Sie sich im Meeting Gehör verschaffen, sich mit Ideen durchsetzen, einen schwierigen Kunden überzeugen, von Ihren Mitarbeitern als Vorgesetzte ernst genommen, von den Kollegen nicht ständig als billige Hilfskraft missbraucht werden möchten, bessere Arbeitsbedingungen oder mehr Aufstiegschancen wollen – dann ist die typisch weibliche Rhetorik der Mühlstein um Ihren Hals, der Sie nach unten zieht.

 Tipp Die typisch männliche Sprache zielt unbewusst auf Durchsetzung ab, die typisch weibliche auf Sympathie.

Männer sind deshalb in Beziehung und Familie benachteiligt, weil es dort eher auf die soziale Kompetenz ankommt und die männliche Sprache wenig sozialkompetente Elemente enthält. Frauen dagegen sind im beruflichen und gesellschaftlichen Kontext benachteiligt, weil es dort leider immer noch stärker aufs Durchsetzen als auf Harmonie ankommt. Wenn wir einmal ein Matriarchat haben, ändert sich das sicher; doch bis es so weit ist, sollten Sie sich Gedanken um Ihre sprachliche Flexibilität machen. Oder wie die Geschäftsführerin eines Familienunternehmens sagte: »Wenn ich mit meinen Kindern spiele, rede ich natürlich anders als im

Meeting. Ist doch klar, oder?« Vielen Frauen eben nicht. Die reden am Arbeitsplatz genauso nett wie im Wohnzimmer – und wundern sich dann, warum sie nicht das bekommen, was ihnen zusteht.

 Werden Sie sprachlich flexibel. Legen Sie sich neben dem netten Sprachstil noch einen durchsetzungsstarken zu.

Männer werden Sie lieben!

Vielen Frauen geht es im Beruf noch nicht einmal darum, sich durchzusetzen oder großartig die Karriereleiter hinaufzusteigen. Sie würden nur gern etwas besser mit den Kollegen auskommen: »Muss das denn oft so zäh und schwierig, so kompliziert sein?« Viele sagen auch: »Ich würde liebend gern besser mit den männlichen Kollegen zurechtkommen. Warum ist das manchmal so schwer?« Inzwischen ahnen Sie die Antwort: Weil Frauen Frauensprache sprechen – und Männer die nun einmal nicht verstehen. Warum nicht? Weil sie Männer sind.

Männer verstehen Frauensprache nicht

Männer und Frauen sprechen zwar dieselben Worte, aber verschiedene Sprachen.

Was viele Frauen überrascht: Männer sind über die Sprachprobleme genauso irritiert wie Frauen. Gerade deshalb beklagen sich Männer doch so oft:

- ❏ »Was zickt sie denn so rum?«
- ❏ »Ich verstehe sie einfach nicht.«
- ❏ »Ich habe keine Ahnung, was sie von mir will.«
- ❏ »Warum sind Frauen so kompliziert?«

Die Klagen der Männer

Nicht, weil Frauen so kompliziert, zickig, unverständlich oder ahnungslos wären, sondern weil es schlicht ein Sprachproblem

zwischen Männern und Frauen gibt, das jedoch die meisten nicht erkennen, weil sie glauben: »Wir sprechen doch dieselbe Muttersprache!« Nichts stimmt weniger.

Gerade deshalb sind Männer hocherfreut, wenn Frauen sich einen zweiten Sprachstil zulegen. Sie melden reihenweise zurück:

- ❏ »Endlich werde ich schlau aus dir!«
- ❏ »Ich komme viel besser mit dir klar, seit du Tacheles redest.«

Der Ton macht die Musik

Am meisten verblüfft sind Frauen, wenn ein Mann, der sich bislang mit Zähnen und Klauen gegen etwas gestemmt hat, plötzlich rückwärts umfällt, wenn die Frau es einfach anders formuliert: »Warum hast du das nicht früher gesagt?« Natürlich hat die Frau das früher schon gesagt – nur nicht so formuliert. Der Ton macht die Musik. Der Sprachstil ist entscheidender als der Inhalt. Oder wie schon Marshall McLuhan sagte: »Style is the message.«

Männersprache ist nichts für Frauen

Noch einmal: Es geht nicht darum, dass Sie die Männersprache sprechen lernen. Es ist zwar ein erhebendes Gefühl, wenn Sie wissen, was ein Mann meint, wenn er sagt: »Dem Idioten habe ich aber richtig heimgeleuchtet!« (Er meint damit nicht, dass er einem Idioten heimgeleuchtet hat.) Es ist schön, wenn Sie Männersprache quasi simultandolmetschen können. Es wird einen immensen Beitrag zu Ihrem Verständnis für und von Männern leisten. Aber das ist ein anderes Thema, ein anderes Buch (falls es nicht schon ein Langenscheidt-Wörterbuch *Mann-Deutsch* gibt).

In diesem Buch geht es darum, dass Sie Männersprache zwar unter Umständen *verstehen* können, aber unter keinen Umständen *sprechen* sollten. Warum nicht? Weil eine Frau, die Männersprache spricht,

- ❏ sich gerade deshalb nicht durchsetzt,
- ❏ sich das eigene Grab schaufelt.

Die Doppelmoral der Sprache

Warum sollte keine Frau Männersprache sprechen? Betrachten wir noch einmal unser Eingangsbeispiel. Der Abteilungsleiter sagt: »Meier, füllen Sie endlich das verdammte Ding nach!« Und nun stellen Sie sich vor, dass eine Frau das sagen würde.

Stellen sich Ihnen dabei die Nackenhaare auf? Dann ist mit Ihnen alles in Ordnung. Denn Sie ahnen instinktiv: Wenn eine Frau derart grob wird, dann setzt sie sich nicht durch, sondern provoziert Reaktanz (Widerstandsverhalten). Denn zu einer Frau darf eine Frau auf keinen Fall so reden und ein Mann wird sich so einen harschen Ton von einer Frau niemals gefallen lassen. Er wird vielleicht zähneknirschend Folge leisten, aber erstens schlecht über die vorgesetzte »Zimtzicke« sprechen und zweitens still auf Rache sinnen.

Wenn eine Frau grob wird, ist sie eine »Zimtzicke«

 Tipp Auch deshalb akzeptieren viele Männer Frauen nicht als Vorgesetzte: Weil vorgesetzte Frauen manchmal wie Männer reden.

Von einer Frau lässt sich ein Mann aber nicht gefallen, was er sich von einem Mann gefallen lässt. Empören Sie sich nicht! Für Frauen gilt das analog: Bestimmte Dinge lässt sich eine Frau einfach nicht von einem Mann sagen.

Der zweite Nachteil von Männersprache in Frauenmund ist: Wenn eine Frau wie ein Mann redet, wirkt das nicht durchsetzungsstark, sondern komisch bis ordinär, jedenfalls deplatziert. Aus diesem Grund werden männersprachlich artikulierende Frauen im Business von Männern auch mit hübschen Kosenamen belegt: Mannweib, Emanze, Feldwebel, Zicke, Megäre, Führungsxanthippe, Männerhasserin oder Lesbe. Tja, Männer können ganz schön zickig sein, wenn sie sich verbal auf den Schlips getreten fühlen. Zickig – oder doppelmoralisch. Denn wenn ein Mann herumkommandiert, gilt er als stark, kommandiert eine Frau herum, ist sie ein Feldwebel. Wehrt ein Mann sich gegen verbale Übergriffe, ist er

Er ist »konfliktstark«, sie ist »zickig«

konfliktstark, eine Frau gilt als zickig. Sagt ein Mann klipp und klar, was Sache ist, weiß er sich durchzusetzen – eine Frau dagegen »hängt die Vorgesetzte raus«.

Wohlgemerkt: Es gibt eine Menge Frauen im Business, die tadellos damit klarkommen. Eine Fertigungsleiterin in einem Pharma-Unternehmen verriet mir: »Die dürfen mich ruhig nennen, was sie wollen – solange sie spuren!« Wem das recht ist, dem soll das gegönnt sein. Doch viele Frauen scheuen sich auch deshalb vor Aufstieg und Führungsjobs, weil sie ahnen, dass sie in diesem Dilemma nie gewinnen können: Reden sie wie eine Frau, nehmen Männer und oft genug auch Frauen sie nicht ernst. Reden sie wie ein Mann, werden sie von Männern und oft genug auch von Frauen verleumdet. Dass es einen goldenen Mittelweg gibt, wird Frauen selbst in vielen Führungstrainings nicht verraten. Diesen Mangel beheben wir hier.

Die Sprache des goldenen Mittelwegs

Männern fehlen oft die Worte

Wenn Männer bemerken, was selten genug passiert, dass sie familiär und in der Beziehung jahrelang das Beste versäumt haben, nämlich Emotionalität, Nähe, Zärtlichkeit und Vertrauen, dann berichten Therapeuten und Coachs oft von einer sprichwörtlichen Sprachlosigkeit: Die Klienten möchten endlich mal ein offenes, ehrliches Gespräch mit Partnerin oder Kindern führen, aber: »Was sagt man denn da? Ich habe keine Ahnung!« Kein Witz! Das ist nicht die kommode Ausrede des typischen Gefühlskrüppels. Den Männern fehlen tatsächlich buchstäblich die Worte! Eigentlich einleuchtend: Was man jahrzehntelang nicht sagte, dafür hat man die Worte vergessen. Viele Männer haben sie nie gelernt.

Frauen geht es nicht besser. Viele Frauen sitzen im Coaching und kämpfen mit den Tränen der Verbitterung: »Die haben mich im Meeting wieder derart untergebuttert. Und ich saß nur da, schluckte und war so was von wütend. Aber am wütendsten war ich nicht auf die Kerls, sondern darauf, dass mir nicht um alles in der Welt

die richtigen Worte einfielen. Ich wusste, dass mein Vorschlag der beste ist – aber ich fand einfach nicht die Worte, um die Wand der Ablehnung einzureißen!« Bestens, toll. Gratulation!

Wenn Sie einmal so weit auf dem Weg der Erkenntnis fortgeschritten sind, haben Sie das Gröbste schon hinter sich, sind Sie schon überm Berg, dämmert Ihnen bereits, dass das Problem im Grunde kein Problem ist – sondern lediglich die Suche nach den passenden Worten. Diese Worte gibt es. Worte, mit denen Frauen sich durchsetzen und dabei sympathisch bleiben. Besser noch: Die meisten Frauen berichten nach dem Sprachtraining, dass sie mit durchsetzungsstarken Worten sogar noch viel sympathischer wirken. Denn die Männer melden begeistert zurück: »Endlich sagst du mal, was du willst! Ich hatte das Herumeiern mit dir so satt!«

Sie sehen: Der Sprachkurs lohnt sich. Und wie jeder moderne Sprachkurs orientiert sich auch unser Sprachkurs an dem, was Sie im Berufsleben am häufigsten brauchen. Beginnen wir mit einem der brennendsten Sprachprobleme: die eigenen Bedürfnisse zu artikulieren. Viele Frauen bekommen nämlich auch deshalb nicht das, was sie sich im und vom Beruf wünschen, weil sie oft nicht oder nicht klar genug ausdrücken, was sie denn zum Kuckuck überhaupt vom Chef, den Mitarbeitern, den Kunden und Kollegen möchten!

Endlich weiß ich, was du willst!

2 Das rechte Wort macht Wünsche wahr

Es reicht nicht, Wünsche zu haben.
Man muss sie auch aussprechen.
Chinesisches Sprichwort

Ist die Märchenfee ein Mann?

Was wünschen sich Frauen vom Leben? Und kriegen sie es auch? Kriegen Sie es?

z.B. Julia zum Beispiel hat einen ganz bescheidenen Wunsch. Sie wünscht sich, im nächsten Meeting nicht schon wieder das Protokoll schreiben zu müssen. Immerhin sind genügend gleichrangige Kollegen präsent, die in zwei Jahren der Zusammenarbeit noch kein einziges Mal Protokoll geführt haben. Als der Sitzungsleiter ihr mit wenigen Worten wieder die Protokollführung delegiert, fragt sie: »Muss das denn sein?« Seine Antwort: »Frau Rosenberg, Sie machen das so gut. Machen Sie es doch auch heute wieder.« Julia schreibt wie immer das Protokoll.

So bescheiden ihr Wunsch war, er ging nicht in Erfüllung. Wenn schon ein so bescheidener Wunsch sich nicht erfüllt, was ist dann erst mit Julias weiter reichenden Erwartungen an ihre Arbeit?

z.B. Stefanie hat bislang alle Projekte im Bereich Sicherungselektronik eines kleinen Elektronik-Unternehmens geleitet. Als ein Großkunde einen lukrativen Auftrag vergibt, sagt sie zu ihrem Vorgesetzten: »Wer leitet das neue Projekt denn? Ich meine, wo ich doch bislang alle Projekte dieser Art betreut habe.« Der Vorgesetzte sagt: »Das regeln wir in der Besprechung.« In der Besprechung meldet sich einer von Julias Kollegen und sagt: »Der Kunde kommt aus meinem Zielgruppen-Segment. Ich gehe davon aus, dass ich deshalb auch am besten die Projektleitung übernehme. Schließlich kenne ich den Kunden schon und weiß, worauf es ihm ankommt.« Was für eine Frechheit! Der Kollege hat doch überhaupt keine Erfahrung mit Sicherungsprojekten! Der gefährdet noch das Projekt, den Auftrag und das Wohl der Firma! Stefanie ist sprachlos vor Empörung, als ihr Vorgesetzter dem Kollegen die Projektleitung überantwortet. Wie kann er ihren Wunsch bloß so kaltherzig ignorieren?

z.B. Erika und Hugo fahren mit dem Auto in den Urlaub ins Tessin. Als sie an einem hübschen See vorbeikommen, sagt Erika: »Schau mal, Hugo, das da vorn ist das Restaurant, in dem wir letztes Jahr so schön zum Essen waren!« Hugo brummt: »Hm, ja, ich erinnere mich« – und fährt dran vorbei! Sie ist 50 Kilometer lang sauer auf ihn und sagt kein einziges Wort mehr. Als er sie eine Stunde später fragt, ob sie direkt ins Hotel fahren oder erst noch die Stadt anschauen sollen, platzt es aus ihr heraus:

»Weiß ich nicht! Meine Wünsche zählen doch sowieso nicht!«

»Wie kommst du denn darauf? Wieso sollte ich sonst fragen?«

»Du hast ja vorhin auch nicht angehalten, als wir an dem Restaurant vorbeikamen!«

»Aber warum hast du nicht gesagt, dass du anhalten wolltest?«

»Habe ich doch!!«

»Wie bitte? Mit keinem Wort hast du das gesagt!«

Und so weiter. Erikas Wunsch wurde nicht nur übergangen, jetzt hat sie auch noch einen handfesten Beziehungskrach am Hals.

Drei Beispiele, sechs Wünsche, eine Bilanz:

Erfüllte Wünsche
Frauen: 0   Männer: 3

Es drängt sich die Frage auf, ob die Märchenfee entgegen landläufiger Meinung und der Expertise der Gebrüder Grimm wohl doch eher ein Mann ist: Männerwünsche gehen öfter in Erfüllung als Frauenwünsche. Warum?

Stille Wünsche taugen nicht

Natürlich könnte man die ernüchternde Wunschbilanz auf die bösen Männer schieben, deren bevorzugte Beschäftigung in Freizeit und Beruf es bekanntermaßen ist, wehrlose Frauen unterzubuttern und um die verdiente Erfüllung selbst der anspruchslosesten Wünsche zu betrügen. Dieser Erklärungsansatz wird immer wieder gern benutzt. Er bringt uns nur leider nicht weiter – wenn man einmal von der Möglichkeit absieht, alle Männer in das nächste Space-Shuttle zu stecken und auf den Mond zu schießen. Ein anderer Erklärungsansatz erweist sich als nützlicher.

Dass Frauenwünsche selten in Erfüllung gehen, hat auch damit zu tun, wie Frauen ihre Wünsche äußern.

Setzen Sie nicht auf die Einsicht von Männern

Julia zum Beispiel äußert ihren Wunsch nicht explizit. Sie fragt vielmehr »Muss das denn sein?«, und erwartet, dass die versammelten Männer ihr den Wunsch von den Augen ablesen. Glaubt sie wirklich, dass ein Mann einer Frau irgendeinen Wunsch von den Augen abliest, wenn er die Frau nicht ins Bett kriegen will? Nein, das glaubt sie nicht. Sie glaubt vielmehr: »Das ist doch einfach ungerecht, dass es immer mich trifft. Das müssen die doch auch mal einsehen!« Das ist das Stichwort: Julia setzt auf die Einsicht der Männer. Da setzt sie aufs falsche Pferd.

Denn für Männer ist in der Regel die bloße Einsicht nicht handlungsleitend. Sie handeln vielmehr nach der Maxime: »Wenn einem was nicht passt, dann muss er das sagen!« Als ein Kollege, der Julias Frage verstanden hat (auch solche Männer gibt's), nach dem Meeting seine Kumpels darauf anspricht, dass Julia wohl nicht schon wieder das Protokoll schreiben wollte, sagt einer der Kollegen ungehalten: »Ja warum sagt sie das dann nicht klipp und klar? Ich bin ja auch nicht scharf darauf, aber wenn sie's partout nicht machen will … « Es hilft alles nichts, wir müssen uns der Einsicht beugen:

 Wenn Sie einen Wunsch haben, sprechen Sie ihn aus.

Die Meckerschleife

Was die Erfüllung ihrer Wünsche angeht, sind viele Frauen seit Jahren in einer Endlosschleife gefangen. Zum Beispiel Erika. Die Episode am See ist kein Einzelfall. Normalerweise läuft es in ihrer Beziehung folgendermaßen ab:

Die Endlosschleife

❑   Erika deutet einen Wunsch indirekt an.

- ❑ Hugo versteht die Andeutung nicht.
- ❑ Erika schmollt und schmiert's ihm bei nächster Gelegenheit vorwurfsvoll aufs Butterbrot.
- ❑ Sie streiten sich oder er stürmt raus.

Julia und Stefanie geht es im Beruf ähnlich. Ist das Schicksal? Das kann man so nennen. Die Psychologin nennt es Selbstsabotage:

 Wenn Sie einen Wunsch haben, sind missverständliche Andeutungen und spätere Vorwürfe die sicherste Art, ihn eigenhändig zu sabotieren.

Warum?

Indirekte Appelle taugen nicht

Warum geht Erikas Wunsch nach einer kurzen Rast in dem schönen Restaurant am See im Tessin nicht in Erfüllung? Weil Männer und Frauen ihre Wünsche unterschiedlich artikulieren:

- ❑ Der Mann äußert einen Wunsch: »Wenn du schon im Keller bist, hol mir doch auch gleich ein Bier hoch.«
- ❑ Die Frau äußert einen Wunsch: »Es ist kein Bier mehr im Kühlschrank.«

Beide *sagen* etwas ganz Unterschiedliches, *meinen* aber dasselbe: »Hol bitte Bier!« Männer verwenden für Bitten oder Wünsche *direkte Appelle*, Frauen *indirekte Appelle*. Einige davon sind uns schon begegnet. Die Abteilungsleiterin sagte: »Beim Kopierer sollte gelegentlich mal jemand den Toner auffüllen.« Erika sagte: »Schau mal, Hugo, das da vorn ist das Restaurant, in dem wir letztes Jahr so schön essen waren!« Funktionieren indirekte Appelle?

Direkter und indirekter Appell

Tipp Vergessen Sie indirekte Appelle. Sie funktionieren nicht.

Nicht bei Männern (es gibt Ausnahmen; aber über die reden wir nicht, weil sie keine Probleme machen). Warum funktionieren indirekte Appelle bei Männern nicht?

Männer sind auf einem Ohr taub

Egal was Sie sagen, ein Zuhörer kann das Gesagte immer auf mehrere Arten verstehen.

Sie sagen zum Beispiel: »Ich fühle mich heute nicht so gut.« Ein Zuhörer kann daraus zum einen den objektiven Sachverhalt heraushören: »Es geht mir nicht gut heute.« Man sagt, er hört die Nachricht auf dem Sachohr. Er kann zum zweiten auch heraushören: »Ich brauche etwas Zuwendung!« Hört er aus der Nachricht diesen Appell heraus, sagt man, dass er auf dem Appellohr hört.

 Frauen hören Gesprochenes vorrangig auf dem Appellohr.

Deshalb verstehen Frauen indirekte Appelle. Wenn eine Frau zu einer Frau sagt »Beim Kopierer sollte gelegentlich mal jemand den Toner auffüllen«, dann trabt die Angesprochene umgehend los und kümmert sich darum. Weil ihr Appellohr offen ist. Sagt sie denselben Satz zu einem Mann, passiert nichts. Nicht weil Männer unkooperative Trittbrettfahrer sind, sondern weil sie, mit Ausnahme weniger glücklicher Geburtsfehler, im quasi-medizinischen Sinne taub geboren sind:

 Männer sind anders als Frauen. Männer sprechen eine andere Sprache als Frauen. Sprechen Sie daher zu Männern nicht, wie Sie zu Frauen sprechen – wenn Sie möchten, dass Ihre Botschaft ankommt.

Männer sind in aller Regel auf dem Appellohr taub. Sie hören Nachrichten vorrangig und hauptsächlich mit dem Sachohr. Sie hören zum Beispiel »Es hat schon wieder einer den letzten Kaffee genommen und keinen neuen gemacht« und denken: »Stimmt, habe ich auch schon bemerkt.« Sie denken nicht: »Stimmt, ich mache gleich welchen.« Oder gar: »Mist, das war ja ich – schnell frischen aufgebrüht!«

Sind Männer doof?

Viele Frauen können es nicht fassen: »Ja muss ich das dem Kerl denn erst buchstabieren, dass er den Toner auffüllen soll? Reicht es denn nicht, dass ich ihn darauf hinweise, dass er leer ist?« Offensichtlich nicht. Kerls können den Rasen mähen und einen Reifen wechseln. Wenn sie auch noch indirekte Appelle verstehen könnten – direkt unheimlich wäre das!

Männer können
Reifen wechseln …

 Wenn Sie einen Wunsch haben, artikulieren Sie ihn so, dass der Empfänger ihn auch als Wunsch versteht und nicht als unverbindliche Bemerkung.

Das hört sich durchaus logisch an, macht vielen Frauen aber Probleme. Diese lösen wir jetzt.

Fragend wünschen

Viele Frauen trauen sich nicht, ihre Wünsche deutlich zu artikulieren. Ist das zu fassen? Warum verzichten Frauen auf das grundgesetzlich garantierte Recht auf freie Meinungsäußerung ausgerechnet dann, wenn es um ihre Herzenswünsche geht? Aus einem simplen und sehr einleuchtenden Grund: Sie möchten nicht unverschämt oder fordernd erscheinen, nicht als anspruchsvoll gelten. Die gute Nachricht ist:

> **Tipp** Der Ton macht die Musik: Sie können jeden Wunsch so formulieren, dass er nicht unverschämt, sondern höflich und freundlich klingt und trotzdem oder gerade deshalb erfüllt wird.

Das ist lediglich eine Frage der Formulierung. Leider ist die sprachliche Flexibilität vieler Menschen nicht besonders gut ausgeprägt (an der Schule wird zwar deutsche Grammatik, aber nicht Ausdrucksvermögen unterrichtet). Viele kennen daher nur zwei Arten von Bedürfnisartikulation: den direkten, maskulinen Appell (»Hol mir ein Bier!«) oder den indirekten, femininen Appell (»Es ist kein Bier mehr im Kühlschrank!«). Dass es dazwischen jede Menge anderer Artikulationsmöglichkeiten gibt, entgeht vielen. Die Frage ist eine solche Artikulationsmöglichkeit:

Fragen als Artikulationsmöglichkeit

- ❑ »Kannst du bitte ein Bier aus dem Keller mitbringen?«
- ❑ »Das ist doch das Restaurant, in dem wir letztes Jahr so gut gegessen haben. Können wir anhalten und das wiederholen?«
- ❑ »Kann heute bitte ein Kollege das Protokoll übernehmen?«
- ❑ »Wie wäre es, wenn ich die Projektleitung übernehme?«
- ❑ »Ihr seid sicher damit einverstanden, dass ich die Projektleitung übernehme?«

Stellen Sie sich dazu noch ein charmantes Lächeln vor – welcher Mann könnte Ihnen einen so charmant, freundlich und beziehungspflegend formulierten Wunsch abschlagen? Oft überschlagen sich die Männer dabei förmlich. Denn sie sind in der Regel froh, wenn eine Frau einen Wunsch so äußert, dass sie ihn zur Abwechslung mal verstehen (weil er unmissverständlich formuliert ist).

Emanzipieren Sie sich vom Konjunktiv

Funktioniert der Wunsch als Frage immer? Natürlich nicht. Was funktioniert schon immer? Nicht mal die Pille. Doch selbst wenn Ihr Wunsch nicht erfüllt würde, wären Sie trotzdem besser dran: Sie könnten dann zumindest absolut sicher sein, dass es nicht lediglich

an Ihrer Formulierung lag. Bei stillen Wünschen und indirekten Appellen weiß frau das nämlich nie.

 Wenn Sie einen Wunsch haben: Formulieren Sie eine höfliche Frage, in der Sie direkt (nicht indirekt!) nach dem fragen, was Sie wünschen.

Übrigens, ist Ihnen an den Fragen oben etwas aufgefallen? Vergleichen Sie mal:

- ❑   »Könntest du bitte ein Bier aus dem Keller mitbringen?«
- ❑   »Kannst du bitte ein Bier aus dem Keller mitbringen?«

 Fragen Sie im Indikativ.

Denn der Konjunktiv (könntest) wirkt schwach. Frauen glauben, dass der Konjunktiv höflich klingt. Doch was Sie glauben, ist, mit Verlaub, irrelevant. Wie Sie auf andere wirken, ist viel wichtiger. Das gilt für Ihre Kleidung und Ihr Make-up und das gilt noch viel gravierender für Ihre Sprache. Und auf die meisten Kerls wirkt der Konjunktiv eben so: »Sie meint es nicht wirklich so.« Oder: »Diesen Wunsch kannst du gut und gerne ignorieren.«

Logisch, der Indikativ erfordert etwas mehr Mumm in den Knochen als der Konjunktiv. Wenn Ihnen Ihr Wunsch wichtig ist, sollten Sie diese Zivilcourage auch aufbringen können.

Der Konjunktiv wirkt höflich – und schwach

Bittend wünschen

Die zweite Möglichkeit, höflich, aber bestimmt Wünsche zu artikulieren, ist die Bitte:

- ❑   »Bitte halt doch da vorn bei dem schönen Restaurant an.«
- ❑   »Bitte füllen Sie den Toner im Kopierer auf.«
- ❑   »Bitte einigt euch auf einen neuen Protokollanten. Ich möchte auch mal ungestört der Diskussion folgen können.«

Eine höfliche Bitte kann kaum einer abschlagen.

Warum bitten Frauen so auffallend selten? Warum artikulieren sie ihre Wünsche eher als Fragen (wenn überhaupt)? Weil die Bitte etwas mehr Selbstbewusstsein erfordert als die Frage. Im Gegenzug schafft eine Bitte dafür auch mehr Verbindlichkeit als eine Frage. Das Traurige daran: Viele Frauen haben zu wenig Selbstbewusstsein, um eine Bitte zu formulieren – auch wenn sie noch so berechtigt und eigentlich selbstverständlich ist.

 Für eine gute Rhetorik benötigen Sie ein Mindestmaß an Selbstvertrauen.

Lernen Sie zu bitten!

Falls es Ihnen daran noch ein wenig mangelt, kann das ein guter Coach (selbstverständlich weiblich) oder etwas Übung ändern: Beginnen Sie einfach mit kleinen Bitten gegenüber freundlichen Menschen und steigern Sie sich langsam in der Größe und bei den Partnern, bis Sie ein Steigerungsniveau erreicht haben, das Ihrer Zufriedenheit und den beruflichen Erfordernissen entspricht. Das ist jetzt kein Witz! Die meisten Frauen müssen Bitten im beruflichen und gesellschaftlichen Kontext erst lernen. Dieses Lernen fällt leicht, da Sie der Lohn Ihrer Bitten schnell zu Höherem beflügelt: Die meisten Bitten werden – zur Überraschung vieler Frauen – tatsächlich erfüllt.

Lassen Sie den Weichspüler weg!

❏   »Könnte vielleicht mal jemand den Toner auffüllen?«
❏   »Eigentlich bräuchten wir dringend frischen Kaffee!«

Wie hoch schätzen Sie die Wahrscheinlichkeit ein, dass diese Wünsche (von einem Mann!) erfüllt werden? Rein gefühlsmäßig betrachtet: wohl eher gering. Woran liegt das? An den benutzten

Weichmachern wie: vielleicht, könnte, sollte, man, irgendwann, jemand, eigentlich, gelegentlich, wenn möglich, unter Umständen ... Es gibt eine Menge dieser Weichmacher. Wie der Name schon sagt, werden sie verwendet, um die Bitte, den Wunsch oder die Frage etwas weicher erscheinen zu lassen.

 Weichmacher funktionieren gegenüber Frauen. Für Männer sind sie zu weich.

Sie machen die Bitte oder Frage so weich, dass sie nicht mehr als solche erkennbar ist – für einen Mann.

Wie bitten?

Man sollte annehmen, dass jeder Mensch eine Bitte, eine Frage oder einen Wunsch formulieren kann. Diese Annahme ist ein großer Irrtum. Wenn wir in Seminaren Bitten üben, sind die Teilnehmerinnen oft schockiert, wie sehr ihre alltäglichen Bitten und Fragen nur so vor Weichmachern strotzen. Daher ein Schnellkursus in richtigem Bitten:
Lassen Sie ganz bewusst alle zeitlichen Weichmacher (irgendwann, gelegentlich, bei Gelegenheit, mal ...) weg! Also zum Beispiel nicht: »Wir sollten mal unsere B-Kunden durchtelefonieren!« Wann werden daraufhin die B-Kunden durchtelefoniert? Richtig, am St. Nimmerleinstag.

 Wenn Sie sich etwas wünschen, sagen Sie stets, bis wann Ihr Wunsch erfüllt sein soll.

Also zum Beispiel: »Bitte telefoniert bis Ende der Woche unsere B-Kunden durch.« Sie verspüren ein leichtes Unbehagen, anderen Menschen Termine zu setzen? Dann verwenden Sie keine einseitige

Vereinbarung statt Vorgabe

Vorgabe, sondern eine beidseitige *Vereinbarung*: »Bitte telefoniert alle B-Kunden durch. Ist das bis Ende der Woche zu schaffen? Nein? Aber bis Dienstag? Gut. Dann ab an die Telefone!«
Lassen Sie zweitens alle unpersönlichen Weichmacher (man, jemand, wir …) weg. Werden Sie vielmehr persönlich, indem Sie den, an den Sie Ihre Bitte richten, mit Namen anreden. Diese Höflichkeit hat er verdient. Also nicht: »Man sollte mal wieder den Toner auffüllen«, sondern: »Thomas, bitte füll heute Vormittag den Toner auf.«

 Ein Wunsch wird nur dann erfüllt, wenn Sie ihn an eine konkrete Person richten und diese mit ihrem Namen ansprechen.

Vermeiden Sie drittens Negationen. Also zum Beispiel nicht: »Unsere Umsatzsituation ist unbefriedigend!« Wenn ein Mann diese angedeutete Bitte hört, fragt er sich: »Das weiß ich auch. Und? Was soll ich jetzt machen?« Na, das muss er doch wissen! Das liegt doch auf der Hand! Nein – und das erkennen Sie schlicht an seiner fehlenden oder unbefriedigenden Reaktion.

 Sagen Sie nicht, was Sie stört, sondern was Sie sich wünschen.

Meine Güte, sind Männer wirklich so begriffsstutzig? Können sie nicht von allein draufkommen, was frau sich wünscht, wenn sie sagt, was sie stört? Sie kennen die Antwort: Nein. Ich weiß, dieser Zustand ist zum Haareraufen. Sie können sich jetzt die Haare raufen oder so zu Männern reden, dass sie Sie auch verstehen. Ersteres ist eine Frage der Frisur, Letzteres eine Frage der Rhetorik. Hüten Sie sich viertens vor sachlichen Weichmachern wie Abstrakta oder Andeutungen. Also zum Beispiel nicht: »Wenn das so weitergeht, dann laufen uns die B-Kunden weg.«

Sagen Sie klar und konkret, was Sie sich wünschen.

Also zum Beispiel: »Ich wünsche mir, dass jeder im Team jeden seiner B-Kunden mindestens einmal im Monat mit einer Abverkaufsaktion unterstützt.«

Sie hätten nicht gedacht, dass Sie, um sich Ihre Wünsche zu erfüllen, eine eigene Sprache lernen müssen? Das ist so. Deshalb nennt man es auch die Sprache des Erfolgs. Wenn Sie einmal gestandenen Business-Ladys zuhören, werden Sie bemerken, dass diese tatsächlich eine eigene Sprache sprechen. Die Resultate sind direkt beobachtbar: Sie kriegen, was sie wollen.

Ja darf frau das denn?

Wenn Sie eine gestandene Business-Lady sind, sind präzise Bitten für Sie eine Selbstverständlichkeit. Die meisten anderen weiblichen Berufstätigen haben damit jedoch ihre Probleme: »Ich kann doch dem anderen nicht vorschreiben, was er bis wann tun soll! Ich möchte nicht unverschämt erscheinen.« Erscheinen Sie unverschämt, wenn Sie sagen, was Sie sich wünschen?

Präzise Bitten werden erfüllt

 Frauen glauben, sie wirken auf Männer unverschämt, wenn sie sagen, was sie wollen. Männer dagegen sind froh, wenn eine Frau endlich klipp und klar sagt, was sie will.

Männer leiden nicht darunter, dass Frauen sagen, was sie wollen. Sie leiden vielmehr unter dem Gegenteil: »Man weiß einfach nicht, woran man mit ihr ist. Sie macht wochenlang den Mund nicht auf – und dann platzt ihr plötzlich der Kragen und keiner weiß, warum. Ich wünschte, sie würde öfters mal den Mund aufmachen und sagen, was Sache ist!«

Die rhetorische Behandlung des Kindes im Mann

Wenn Sie Ihre Wünsche fragend oder bittend artikulieren, werden Sie erstaunt und erfreut sein, wie sehr die (männliche) Welt sich darum bemühen wird, Ihren Wünschen nachzukommen. Genießen Sie es, dass Ihre Wünsche (endlich) in Erfüllung gehen!

Manchmal jedoch werden Sie etwas erleben, das Sie von Männern nur zu sehr gewohnt sind: Widerspruch.

»Herr Meier, bitte füllen Sie heute Morgen noch den Toner nach!«

»Das geht grad nicht. Kunde X will was von mir. Später vielleicht!«

Für Männer ist das ganz normal. Frauen empfinden das schlicht als Unverschämtheit. Eine höfliche Bitte derart brüsk abzulehnen würde sich eine Frau nie im Leben erlauben. Das tut frau einfach nicht. Das gehört sich nicht. Weil manche Männer manchmal derart ungezogen sein können, haben es viele Frauen schon aufgegeben, sie zu bitten oder zu fragen: »Bevor ich mich von ihm wieder unverschämt behandeln lasse, mache ich es doch lieber selber.« Das ist typisch Frau: Wenn es nach Konfrontation riecht, klein beigeben (s. Kapitel 3).

Frauen empfinden Widerspruch als Unverschämtheit

 Tipp Kneifen Sie nach Widerspruch nie. Das ist immer falsch.

Denn bei Männern enthält ein Widerspruch so gut wie keine Sachaussage. Wenn ein Mann sagt »Es geht grad nicht«, heißt das am allerwenigsten, dass es grad nicht geht. Bei Männern ist Widerspruch Gewohnheitssache; ritualisiert, sagt der Anthropologe. Männer widersprechen Männern rituell, um sich miteinander zu messen. Motto: »Ich weiß es besser als du!« Kurz: Sie regredieren (fallen zurück) in eine Art frühkindliche Trotzphase. Dieser Trotz eskaliert manchmal, wenn sie von einer Frau gebeten werden, denn: »Von einer Frau lasse ich mir schon gleich dreimal nichts sagen!« Auch diese Drei-Sprung-Verweigerung ist ritualisiert. Was tun?

Bei Männern ist Widerspruch Gewohnheitssache

Wenn Männer trotzen

Die weibliche Rhetorik bietet eine ganze Palette von Artikulationsmöglichkeiten, um männliche Widerstände auszuräumen. Die
männliche Rhetorik würde Widerstände übrigens »brechen« –
keine Frau, die Frau bleiben möchte, sollte sich so ausdrücken oder
gar tatsächlich versuchen, Widerstände zu *brechen*. Betrachten wir
einige Artikulationsmöglichkeiten für das Beispiel von eben: »Herr
Meier, bitte füllen Sie heute Morgen noch den Toner nach!« »Das
geht grad nicht. Kunde X will was von mir. Später vielleicht!«

❏ *Charme* (mit freundlichem Lächeln unterstrichen): »Herr Meier, ich bin mir sicher, dass Sie diese halbe Stunde heute Morgen
für mich opfern können.« Charme wirkt bei den meisten
Männern – weil sie ihm nichts entgegenzusetzen haben.

❏ *Infragestellen seiner Männlichkeit*: »Was ist? Kommen Sie mit
der Technik nicht klar?« Viele Männer betrachten die Infrage-
stellung ihrer technischen Expertise als direkten Angriff auf
ihre Männlichkeit und werden Ihnen zeigen wollen, dass Sie
falschliegen.

❏ *Verständnis zeigen und insistieren*: »Ich weiß, dass Sie gerade
viel um die Ohren haben. Aber die Schlange vor dem Kopierer
staut sich. Also machen Sie das bitte noch heute Morgen.«
Manchmal widerspricht ein Mann nur deshalb, weil er Streicheleinheiten braucht und deshalb den total Gestressten gibt.

❏ *Zeigen, wer das Sagen hat* (vor allem für weibliche Vorgesetzte
hin und wieder zu empfehlen): »Ich weiß, dass Sie gerade viel
zu tun haben. Doch der Kopierer hat Vorrang. Ich erwarte Ihre
Meldung bis zwölf Uhr.«

Reaktionen auf
Widerstand

Die Vielfalt der Artikulationsmöglichkeiten überrascht Sie? Dann
haben Sie ein Grundprinzip der Rhetorik erkannt:

Je flexibler Sie rhetorisch reagieren können, je mehr
Artikulationsmöglichkeiten Sie zur Disposition haben,
desto eher bekommen Sie, was Sie sich wünschen.

Wie reagieren Sie üblicherweise auf trotzende Männer? Welches ist Ihre Standardreaktion (Empörung + ...)? Und wie könnten Sie mehr Abwechslung in dieses rhetorische Einerlei bringen? Versuchen Sie's! Probieren geht über Studieren!

Frauen fehlt Anerkennung

Der Erfolg ist maskulin

Viele Ratgeber werben damit, dass sie Frauen zum »Erfolg im Business« verhelfen. Was viele Ratgeber nicht wissen: »Erfolg« ist eine typisch männliche Metapher und ein maskulines Berufsmotiv (es heißt auch: *der* Erfolg). Solange Frauen noch nicht völlig von der männlichen Business-Rhetorik vereinnahmt sind, sprechen sie, was typisch für Frauen ist, weitaus differenzierter über ihre Erwartungen an den Beruf.

An erster Stelle ihrer Erwartungen steht – wenig erstaunlich – die Anerkennung, wie mir berufstätige Frauen regelmäßig klagen:

- ❏ »Die Frauen in diesem Betrieb müssen das Doppelte leisten, um die Hälfte der Anerkennung zu bekommen.«
- ❏ »Ich leiste gute Arbeit. Aber viel Anerkennung bekomme ich dafür nicht.«
- ❏ »Wenn ein Mann ein 50 000-Euro-Projekt stemmt, kriegt er einen Handschlag vom Vorstand. Wenn eine Frau ein Millionenprojekt an Land zieht, dann heißt es: ,Ist schließlich ihr Job!'«

Viele vermuten dahinter die üblichen üblen chauvinistischen Machenschaften, eine eklatante Unterdrückung der werktätigen Frau und eine schreiende Ungerechtigkeit des modernen Kapitalismus. Dass schlichtes rhetorisches Versagen die Ursache sein könnte, darauf kommen die wenigsten.

Die Rhetorik der Anerkennung

Viele Frauen beklagen zwar, dass sie zu wenig Anerkennung für ihre Leistung bekommen. Doch wenn man auf dem Weg der teilneh-

menden Beobachtung einmal zwei Wochen neben einer frisch eingestellten Frau durch den Betrieb läuft (Forscher machen das hin und wieder), erlebt frau ihr blaues Wunder:

 Frauen erfahren in der Anfangsphase einer Beziehung oder Beschäftigung gleich viel, oft sogar mehr Anerkennung als Männer.

Doch kurz danach geht die Anerkennung gegen null. Warum? Weil Frauen Männern das Anerkennen abgewöhnen. Wenn ein Mann eine Frau lobt, kriegt er nämlich in aller Regel zu hören:

❏ »Ach, das war doch nichts. Das ist doch selbstverständlich.«
❏ »Ich hatte eben Glück.«
❏ »Mein Team hat mich super unterstützt.«
❏ »Das hätte jeder andere auch hinbekommen.«
❏ »Ja, aber das ist noch nicht gut genug.«

 Was Frauen für Bescheidenheit halten, halten Männer für bescheuert.

Das sagen Sie auch hin und wieder? Warum? Weil frau immer schön bescheiden bleiben will. Leider gilt:
Eine Frau, die das Lob eines Mannes nicht auf eine Weise akzeptiert, die der Mann versteht, diese Frau lobt der Mann nach zwei, drei vergeblichen Versuchen nie wieder. Denn: »Blöde Zicke, mit der kann man einfach nicht vernünftig reden.« Warum? Weil Männer auf Lob nicht mit Bescheidenheit, sondern mit Verstärkung reagieren:
»Hey, saubere Leistung, Alter!« »Ja, fantastisches Ergebnis, nicht?« Igitt, wie prahlerisch! Müssen Sie sich das etwa antun, wenn Sie von Männern anerkannt werden möchten? Mitnichten – das würde auch äußerst komisch klingen, wenn eine Frau derart dick auftragen würde. Wie immer ist die weibliche Rhetorik viel eleganter (das bestreitet übrigens kein Mann):

Das ist nicht bescheiden, sondern bescheuert

Tipp Wenn Sie Anerkennung bekommen, dann bedanken Sie sich einfach.

Männer empfinden es als grob unhöflich und sehr irritierend, wenn Frauen verdiente Anerkennung abtun oder ihre eigene Leistung kleinreden. Warum machen Frauen das dann? Weil sie es für bescheiden halten. Sie dürfen ruhig bescheiden sein – aber seien Sie wenigstens höflich! Bedanken Sie sich und bestätigen Sie die Anerkennung und damit die Meinung des Anerkennenden auf schlichte Weise:

Danke für die Blumen!

- ❏ »Danke. Das hat wirklich gut geklappt.«
- ❏ »Freut mich, dass es Sie freut.«
- ❏ »Finden Sie? Finde ich auch.«
- ❏ »Na, wurde ja auch mal Zeit!«
- ❏ »Nicht wahr? Ist schon eine tolle Sache geworden!«
- ❏ »Danke für die Anerkennung.«
- ❏ »Danke für die Blumen.«

Sie haben Hemmungen, so etwas tatsächlich zu sagen? Dann ist mit Ihnen alles in Ordnung. Frauen wird von Kindesbeinen an Unfug eingebleut wie »Immer schön bescheiden bleiben!«. Deshalb reagieren wir reflexhaft mit Ablehnung auf Anerkennung! Gleichzeitig sehnen wir uns jedoch nach Anerkennung. Also müssen wir uns erst einmal wieder an Anerkennung gewöhnen. Fangen Sie klein und langsam an. Bedanken Sie sich, wenn ein Mann Ihnen zum Beispiel wegen Ihrer Kochkünste, Ihrer Kleidung oder einer anderen Kleinigkeit Anerkennung zollt. Sagen Sie also nicht: »Ach, diese Jacke macht mich doch richtig dick!« Sagen Sie Danke.

Anerkennung einholen

Viele Frauen sind in der bedauernswerten Lage, dass sie den Männern in ihrer Umgebung das Anerkennen zwar unbewusst, aber sehr erfolgreich abgewöhnt haben. Gleichzeitig leiden sie unter der mangelnden Anerkennung.

Also kommen nicht wenige auf die Idee, sich die verdiente Anerkennung eben aktiv einzuholen – steht ja auch so in vielen Ratgebern. Sie fragen zum Beispiel:

- ❏ »Wie zufrieden sind Sie damit?«
- ❏ »Entspricht das Ihren Wünschen?«

Welches Gefühl haben Sie bei diesen Fragen? Kein gutes? Dann haben Sie ein gutes rhetorisches Gespür.

STOP Fishing for compliments – tun Sie's nicht!

Das wirkt anbiedernd, unterwürfig, schwach. Wie die kleine, brave Tochter, die auf ein lobendes Wort des distanzierten Vaters wartet. Außerdem zerstört es das eigene Selbstwertgefühl und führt langfristig zu einem Abhängigkeitsverhältnis:

 Die Maßstäbe für Ihre Leistung setzen Sie – und niemand anders!

Wenn Sie also ein Ergebnis präsentieren oder über Resultate berichten, sagen Sie:

- ❏ »Das sieht jetzt gut aus. Ich bin zufrieden damit.«
- ❏ »Das kann sich sehen lassen.«
- ❏ »Alles in allem ein erfreuliches Ergebnis.«
- ❏ »Damit ist das Problem gelöst.«
- ❏ »Ich habe das Ziel erreicht, das ich mir gesetzt hatte.«
- ❏ »Die Sache ist so ausgegangen, wie wir uns das wünschten.«

Ich bin zufrieden!

Welchen Eindruck haben Sie von der Sprechenden? Nun, diese Aussagen zeugen alle von einem gesunden Selbstvertrauen. Damit können Männer etwas anfangen. Sie werden darauf einsteigen. Denn Männer sind sehr erfolgsorientiert. Sie werden Ihnen beipflichten: »Ja, da haben Sie gute Arbeit geleistet.«

Natürlich ist die Situation etwas paradox: Wer Anerkennung möchte, braucht dazu etwas Selbstbewusstsein. Das heißt, wer Anerkennung am nötigsten hätte, weil das Selbstbewusstsein gerade am Boden liegt, kriegt sie (in einer maskulinen Welt) am allerwenigsten. Das ist ein fundamentaler Unterschied zwischen weiblicher und männlicher Weltanschauung:

 Frauen geben dem, der braucht.
Männer geben dem, der hat.

Ist das nicht bescheuert? Mag sein, doch was hilft uns das? Das ändern weder Sie noch ich, solange wir leben. Am besten kommt frau mit der Welt klar, wenn sie sie so nimmt, wie sie ist (aber nicht so lässt). Das heißt: Lassen Sie sich von einer Freundin oder Kollegin aufbauen, wenn Sie down sind. Wenn Sie jedoch von Männern oder im Business Anerkennung möchten, dann artikulieren Sie selbstbewusst.

Ein Wort der Warnung

Hören Sie Frauen in der privaten Runde mal ganz bewusst zu.

Frauen zollen gerne Anerkennung

- ❏ »Ist das deine neue Bluse? Sieht wirklich klasse aus!«
- ❏ »Deine Torte zu Stefans Geburtstag war fantastisch.«
- ❏ »Die Farbe von deinem neuen Top passt toll zu deinen Augen!«
- ❏ »So schlank, wie du bist, kannst du gut bauchfrei tragen.«
- ❏ »Dein Tipp mit dem neuen Restaurant war prima.«

 Frauen zollen täglich bis zu hundertmal mehr Anerkennung als Männer.

Wenn Männer solchen Frauenrunden zuhören, stehen ihnen oft die Nackenhaare zu Berge. Männer empfinden »zu viel Lob« beinahe

körperlich als schmerzhaft, peinlich, unnötig, unmännlich. Sie loben nach dem gut schwäbischen Motto: »Net g'schimpft isch g'lobt gnug!«

 Stellen Sie Ihre Ohren auf das extrem niedrige männliche Lobniveau ein.

Dann werden Sie plötzlich eine Menge Anerkennung hören, die Sie früher im Sinne des Wortes überhört haben. Männer anerkennen nämlich viel weniger häufig, viel weniger intensiv und vor allem oft unter Verwendung von Negationen und fast schon brachialem Understatement:

Wenn ein Mann sagt ...	... heißt das:
»Nicht schlampig!«	»Tadellose Arbeit!«
»Kann man essen.«	»Es mundet vorzüglich.«
»Keine üble Leistung!«	»Ausgezeichnete Leistung!«
»Da haben Sie sich gar nicht mal so dumm angestellt.«	»Das haben Sie geschickt eingefädelt.«
»Ja, ganz in Ordnung.«	»Fantastische Leistung!«
»Damit kann man leben.«	»Erstklassiges Ergebnis.«
»So habe ich mir das vorgestellt.«	»Sie haben mir den Wunsch von den Augen abgelesen!«
»Kann man gelten lassen.«	»Übertrifft alle Erwartungen.«
»Donnerwetter, nicht schlecht!«	»Ich spreche Ihnen allerhöchste Anerkennung aus!«

Wenn Männer »zurückhaltend« loben, meinen sie ...

Wenn Sie von einem Mann nicht länger erwarten, dass er so gut artikuliert Anerkennung gibt wie eine Frau, werden Sie erfreut bemerken, dass Männer sehr wohl viel mehr Anerkennung zollen, als Ihnen bislang bewusst war.

Pfeifen Sie auf männliche Anerkennung!

Männer sind normalerweise mit Anerkennung gegenüber Frauen sparsamer als eine sorgende Mutter mit der letzten Brotkante in einer Hungersnot. Das heißt:

 Wenn ein Mann sich Ihnen gegenüber fast überschlägt vor Anerkennung – seien Sie auf der Hut!

Julias Chef zum Beispiel sagt eines Tages vor allen Kollegen zu ihr: »Frau Rosenberg, was täten wir bloß ohne Sie? Dass Sie zusätzlich zu Ihrer Arbeit auch noch die beiden Kundenprojekte betreuen – einfach Klasse.« Julia freut sich richtig: »Endlich bekomme ich die verdiente Anerkennung.«

Anerkennung in Form von Überstunden

Ihr beste Freundin sagt: »Du blöde Kuh! Merkst du denn nicht, dass er dich einwickeln will? Für die beiden Kundenprojekte müsste er eigentlich einen neuen Mitarbeiter einstellen und du machst das praktisch nebenher in Feierabend- und Wochenendarbeit und willst noch nicht mal eine Gehaltserhöhung! Ja geht's denn noch!« Hat Julias Freundin etwas gegen ihren Chef? Nein, sie hat völlig Recht.

 Wenn ein Mann eine Frau überschwänglich lobt, will er sie übern Tisch ziehen.

Männer sind eben Schweine! Ja? Nein. Denn Schweine wären sie lediglich dann, wenn sie das Spielchen exklusiv mit Frauen spielten. Tun sie aber nicht. Sie spielen es genauso hinterhältig mit Männern. Männer fallen lediglich nicht drauf rein. Sie kennen in der Regel das Spiel und kontern: »Danke für die Blumen, Chef. Wie wär's mit einer Gehaltserhöhung?«

Wie wär's mit einer Gehaltserhöhung?

So frech müssen Sie das nicht formulieren. Stehen Sie zur weiblichen Rhetorik und formulieren Sie: »Freut mich, dass Sie mit meiner Leistung zufrieden sind. Angesichts dessen, dass ich fast

doppelt so viel leiste, als in meinem alten Vertrag steht, wie wäre es mit 300 Euro mehr Gehalt?« Und dann verhandeln Sie.

Nicht umsonst bekommen Frauen über alle Branchen hinweg für die doppelte Leistung oft nur die Hälfte bis zwei Drittel des Gehalts der männlichen Kollegen: Das ist nicht bloß schreiende Ungerechtigkeit. Es steckt auch viel rhetorischer Nachholbedarf dahinter. Und weil hinter dem Thema »Frauen müssen endlich lernen, Gehaltsforderungen zu formulieren« so viel Nachholbedarf steckt, gibt es dazu auch ein eigenes Buch in der »Frauen«-Reihe: »Gehaltsverhandlungen für freche Frauen«.

Wünschen für Zaghafte

Um das Kapitel kurz zusammenzufassen: Wenn Sie sich etwas wünschen, dann deuten Sie es nicht an, sondern sprechen Sie es freundlich und klar als Frage oder Bitte aus!

Das größte Hindernis bei dieser Wunschäußerung wird Ihre Befürchtung sein, sich damit unbeliebt zu machen. Falls Sie diese Befürchtung teilen:

❏ Belassen Sie es bitte nicht bei dieser theoretischen Befürchtung. Testen Sie sie lieber ganz praktisch!

❏ Bitten Sie höflich um etwas und beobachten Sie die Wirkung: Ist der Angesprochene tatsächlich pikiert oder entrüstet? Die Beobachtung wird in der Regel Ihre Befürchtung zerstreuen oder zumindest entscheidend relativieren (das ist die normale Wirkung von Beobachtungen auf Befürchtungen).

❏ Wenn Sie auf Nummer sicher gehen möchten, dann fragen Sie doch einfach einmal probehalber nach: »Oder ist das zu viel verlangt?«, »Überfordere ich Sie damit?«, »Sind Sie mir deshalb jetzt böse?« Die Antwort wird Sie schnell vom Gegenteil überzeugen.

❏ Wenn Sie sich in seltenen Fällen tatsächlich mit Ihrem Wunsch unbeliebt machen sollten, bieten Sie einen Ausgleich an: »Ja, ich weiß, das ist im Moment viel verlangt – dafür stellen Sie einfach die Sache XY etwas zurück.«

❑   Stehen Sie zu Ihren Wünschen – das sind Sie sich schuldig – und bieten Sie in schwierigen Fällen Verhandlungen an: »Okay, das ist mein Wunsch. Was benötigen Sie, um die Sache zu erledigen?«

Stehen Sie zu Ihren Wünschen!

Wünsche freundlich und direkt äußern

Achten Sie mal darauf, wie oft Sie Ihre Wünsche beiseite schieben und auf etwas, das Ihnen zusteht, zu bereitwillig verzichten. Üben Sie, so oft es geht, im Kleinen wie im Großen, Ihre Wünsche nicht länger hintanzustellen, sondern freundlich, klar und direkt an den Mann zu bringen. Sie werden sich mit jedem artikulierten Wunsch wohler und wohler fühlen – was einigermaßen paradox ist:

 Selbst wenn Wünsche einmal (was selten vorkommt) nicht in Erfüllung gehen, werden Sie sich besser fühlen.

Denn jeder unterdrückte Wunsch gärt im Inneren, schadet der Seele und schwächt das Selbstwertgefühl. Arno Gruen nennt das übrigens den »Verrat am Selbst«. Jeder ausgesprochene Wunsch dagegen stärkt Ihr Selbst – völlig unabhängig davon, ob er erfüllt wird oder nicht. Das nennt man dann gesunde Autonomie und Kongruenz.

 Es kommt im Leben nicht so sehr darauf an, dass alle Wünsche in Erfüllung gehen, sondern darauf, dass wir mit jedem Tag kongruenter werden.

Aber erzählen Sie das bitte nicht den Männern. Die haben nämlich ein echtes Lebensproblem mit der Kongruenz.

Wünschen Sie groß!

Neulich erzählte mir ein Verkäufer, dass die Unternehmen in seinem Verkaufsgebiet einmal wieder zu einer »Preisdrückerrunde« geläutet hätten. Schmunzelnd bemerkte er: »Wenn der Einkäufer ein Mann ist, dann fordert er frech auch mal 50 Prozent Preisnachlass, ‚wenn wir weiter bei Ihnen kaufen sollen!‘. Viele Frauen fragen dagegen: ‚Könnten Sie mir beim Preis nicht etwas entgegenkommen, sagen wir 3, 4 Prozent?‘«

 Wenn Männer kleine Wünsche haben, machen sie große daraus. Wenn Frauen große Wünsche haben, machen sie kleine daraus.

Frauen haben genauso große Wünsche wie Männer. Sie trauen sich oft bloß nicht, sie zu artikulieren. Sie möchten nicht unverschämt, nicht gierig oder eigensüchtig erscheinen und stecken deshalb lieber von sich aus zurück. Wenn Sie in dieser Bescheidenheit glücklich und zufrieden sein können, dann ist das wunderbar. Viele Frauen können oder wollen es nicht. Sie wünschen sich zwar wenig, aber irgendwie sind sie dann doch enttäuscht, dass sie von dem Wenigen so wenig bekommen. Gehen Sie den umgekehrten Weg:

Bescheidenheit ist eine Zier, doch …

1. Was wünschen Sie sich im Idealfall? Was wünschten Sie sich, wenn die Märchenfee erscheinen und Ihnen einen Wunsch freistellen würde? Was wünschten Sie sich, wenn Sie keinen Einschränkungen unterworfen wären? Was würden Sie sich wünschen, wenn alles möglich wäre?
2. Bringen Sie diesen idealen Großwunsch in ungekürzter Form und aller Bescheidenheit vor: »Ich wünsche mir …«
3. Glauben Sie nicht, dass Sie deshalb als egoistisch empfunden werden. *Glauben* Sie nicht, *schauen* Sie lieber nach: Welche Reaktion zeigt Ihr Ansprechpartner *tatsächlich*? Ist es ein Mann, wird er kein Problem damit haben, wenn Sie sagen, was Sie wollen – eher im Gegenteil.

4.   Ist Ihr Wunsch tatsächlich überzogen, wird Ihnen Ihr Ansprechpartner das schon mitteilen (darauf können Sie wetten!).

5.   In diesem Fall einigen Sie sich mit ihm auf einen Kompromiss. Damit sind Sie beide zufriedener, als wenn Sie von vornherein zurückgesteckt hätten.

 Verhandeln ist besser als Zurückstecken.

Sie zweifeln? Dann probieren Sie es einfach einmal aus. Manche Dinge muss frau gemacht und erlebt haben, um sie richtig schätzen und einschätzen zu können.

Wünschen statt Klagen

Petra sagt zu Klaus: »Was war das heute wieder für ein besch... Tag! Der Chef hat sich unmöglich benommen, die Kunden haben gesponnen und das Netzwerk ist fünfmal abgestürzt!«
Was sagt Klaus darauf? Er gibt ihr Tipps, wie sie mit dem Chef umgehen soll, und fragt nach der fachlichen Qualifikation des Netzwerk-Administrators. Will das Petra etwa? Nein. Was will sie dann? Zuwendung, Trost, Nähe, Streicheleinheiten.

 Frauen äußern ihre Wünsche oft durch Klagen.

Eben weil Frauen generell indirekt kommunizieren. Nachteil davon: Männern ist das zu indirekt.

 Jammern Sie Männer nicht an – die missverstehen das in der Regel. Wünschen Sie etwas von einem Mann, klagen Sie nicht, sondern wünschen Sie.

»Ich hatte einen schlimmen Tag. Drück mich mal ganz fest und sag mir, dass alles wieder okay ist.« Seit Petra ihre Wünsche explizit äußert, werden sie zehnmal so oft erfüllt wie früher. Weil Klaus tut, was frau ihm explizit sagt, und weil er sich gern als Beschützer und Inhaber einer starken Schulter fühlt.

Und das klappt auch im Beruf. Früher hat Petra jedes Mal, wenn der Controllingmensch ihr die neuen Listen reingab, geklagt: »Und da soll ich mich jetzt wieder durchwühlen!« Neuerdings sagt sie: »Lieber Herr Schmitt, Sie würden mir einen großen Gefallen tun und mir die Arbeit erleichtern, wenn Sie mir einfach jene Partien anstreichen würden, in denen Ihr fachmännisches Auge Fehler oder Besonderheiten entdeckt.« Der normalerweise kurz angebundene Controller fühlt sich durch diese charmante Bitte geschmeichelt, mault zwar rum, dass er dafür nicht auch noch Zeit hätte, liefert jedoch beim nächsten Mal sogar Randkommentare zu den wichtigsten Stellen ab.

Charmant bitten statt klagen

Tipp Ein charmanter Wunsch ist Männern jederzeit willkommen.

3   Stark sein in Konflikten

Die meisten meiner Mitarbeiterinnen glauben, dass man einen
Konflikt bewältigt, indem man ihm aus dem Weg geht.
Christiane, Abteilungsleiterin

Die weibliche Konfliktschwäche

Nirgendwo wird die weibliche Sprachschwäche so deutlich wie in
Konflikten. Frauen sind notorisch konfliktschwach.

z.B. Neulich stand ich auf einem Bahnhof in einer langen
Schlange vor dem heiß begehrten Kaffee-Automaten.
Ein Business-Kerl drängte sich unverschämt vor. Die
Frau, die eigentlich an der Reihe gewesen wäre, trat –
typisch Frau! – unwillkürlich einen Schritt zurück,
klappte den Kiefer auf und ließ den dreisten Drängler
vor, anstatt einfach zu sagen: »Entschuldigung, ich stehe
schon länger an!« Das habe dann ich für sie getan:
»Moment mal, junger Mann, die Dame war vor Ihnen
an der Reihe!« Der arrogante Schnösel maulte kurz
etwas Unflätiges und machte dann aber artig Platz. Auch
das ist typisch männliche Kommunikation: Erst mal
maulen, aber dann machen.
Drei andere Frauen standen auch noch um den Automa-
ten herum, nickten mir dankbar zu – aber meinen Sie,
auch nur eine von ihnen hätte zuvor den Mund aufge-
kriegt? Nicht in einer Million Jahren!

Männer maulen, Frauen kuschen

Das Konfliktverhalten von Männern und Frauen ist radikal verschieden. Männer schwingen schon beim kleinsten Anlass das Kriegsbeil und zetteln einen Konflikt an: »Was fällt Ihnen denn ein? So geht das aber nicht!«

Männer kämpfen, Frauen kneifen

Frauen dagegen ertragen oft die schlimmsten Übergriffe, Ungerechtigkeiten, Benachteiligungen und Respektlosigkeiten – und lächeln oft noch gequält dabei!

Männer kämpfen, Frauen kneifen. Männer gehen in den Konflikt rein, Frauen gehen Konflikten aus dem Weg. Männern reißt schon beim kleinsten Anlass der Geduldsfaden, Frauen fressen die größten Schweinereien in sich hinein – bis sie einmal im Quartal explodieren. Männer sind Permanentcholeriker, Frauen Quartalscholerikerinnen. Männer fordern im Konfliktfall mit der allergrößten Selbstverständlichkeit die Erfüllung ihrer Wünsche. Frauen verzichten im Konfliktfall nach reiflicher Überlegung auf ihre Wünsche ganz oder teilweise. Oder um es weltanschaulich zu formulieren: Im Konfliktfall praktizieren Männer den galoppierenden Imperialismus, während Frauen die vorauseilende Unterwerfung leben.

Warum tun wir uns das an?

Everybody's Darling

Warum sind Frauen so konfliktschwach? Weil wir die Harmonie wahren möchten, oft um jeden Preis. Im Konfliktfall ist uns der liebe Friede wichtiger als die eigene Sache. Wir möchten nicht als böse Xanthippe dastehen, nicht herumzicken. Außerdem fragen wir uns oft: »Muss ich diesen Kerl denn jetzt auch noch erziehen? Sieht der nicht von allein, dass er im Unrecht ist?« Wir streiten ungern, weil wir gemocht werden wollen. Das ist uns oft wichtiger, als das zu bekommen, was uns zusteht. Leider haben wir dabei gleichzeitig das Gefühl, dass unsere Harmoniesucht nicht wirklich gut für uns ist. Wie das Sprichwort sagt:

Wer Everybody's Darling sein möchte, ist bald Everybody's Depp.

Wenn Sie es anderen ständig recht machen möchten, kommen Sie nicht zu Ihrem verdienten Automaten-Kaffee, können sich im Konfliktfall nicht durchsetzen, werden häufiger untergebuttert, handeln sich frauenspezifische Stigmata ein wie »Nicht tough enough fürs Business!«, verlieren Ihre eigenen Wünsche und Ziele aus den Augen, machen nicht das, was Sie machen möchten, sondern das, was andere Ihnen aufs Auge drücken, werden zur Wasserträgerin für andere – und fühlen sich mit der Zeit ganz schön veräppelt, ausgenutzt, zu kurz gekommen, erschöpft und übergangen oder einfach nur um den verdienten Kaffee geprellt.

Es gibt Frauen, die mit stoischem Gleichmut in einem Konflikt lieber schweigen und Platz machen – um des lieben Friedens willen. Das ist gut. Harmonie ist gut. Die Welt könnte mehr davon gebrauchen. Doch wenn Sie den Eindruck haben, dass Sie sich manchmal einfach besser fühlen und mehr vom Leben haben würden, wenn Sie vor bestimmten Konflikten nicht länger davonliefen – dann tun Sie jetzt etwas gegen Ihre Konfliktstärke.

Seien Sie nicht Everybody's Depp!

Der Heulreflex

Ich coache immer wieder weibliche Führungskräfte, die mir überraschend verraten: »Als die Kollegen im Meeting mein Konzept derart gemein und grob verrissen, wäre ich am liebsten heulend rausgelaufen!«

Im Konfliktfall kämpfen viele Frauen unwillkürlich mit sprachloser Frustration, den Tränen, dem dicken Kloß im Hals. Sie sind vor lauter aufwallender Emotion im Sinne des Wortes sprachlos. Mit einer schockgelähmten Zunge hat frau einen Konflikt schon verloren, noch bevor er begonnen hat. Männer sind übrigens im Konfliktfall oft genauso emotional. Ihre Emotionalität äußert sich jedoch nicht in einem Heulreflex, sondern in einem Draufhau-Reflex. Fühlen sie sich bedroht oder verletzt, holen sie die Verbal-

keule hervor und richten nicht selten beziehungstechnisch ein Blutbad an.

Was hilft gegen den Heulreflex?

Dissoziieren Sie

Gestandene Business-Ladys stecken selbst die unflätigsten persönlichen Angriffe erstaunlich gelassen und unbeeindruckt weg. Wie machen die das? Woher haben die ihr sprichwörtlich dickes Fell? Alexandra, Chefcontrollerin eines Familienunternehmens, verrät: »Wenn die Jungs wieder mal meinen, mich fertigmachen zu müssen, sage ich mir einfach: Das lässt mich völlig kalt.« Wie nennt man diese Methode der inneren Führung? Dissoziation.

Von der Assozia-tion zur Dissoziation Wer im Konflikt den Kloß im Hals bekommt, nimmt die Anwürfe persönlich, ist also mittendrin in der Situation, ist assoziiert. Dieser Zustand ist eine emotionale Sackgasse. Aus dieser Sackgasse heraus geht es in die entgegengesetzte Richtung: Dissoziieren Sie! Dafür gibt es viele Techniken. Eine ist zum Beispiel, sich den Kontrahenten in Unterhosen vorzustellen. Das erfordert zwar etwas geistige Flexibilität, funktioniert jedoch nach einiger Übung so verblüffend gut, dass frau sich in Konflikten zusammennehmen muss, um nicht breit zu grinsen. Eine für Sie passende Dissoziationstechnik finden Sie, indem Sie einige ausprobieren. Fundstellen sind Bücher, Seminare oder das Internet (googeln Sie). Alle Dissoziationstechniken laufen auf dasselbe hinaus:

 Nehmen Sie Konflikte nicht persönlich!

Je besser Sie im Konfliktfall dissoziiert sind, desto weniger wird Sie der Kloß im Hals oder der Tränendruck im Auge dabei behindern, Ihre Meinung zu sagen. Heißt das, dass Sie Konflikte am besten mit großem Abstand zu Ihren Gefühlen führen sollten? Nein. Es heißt

vielmehr: Wenn Sie Ihre eigenen Gefühle mit Kloß im Hals sabotieren, dann – und nur dann – sollten Sie Abstand zu diesen hinderlichen Gefühlen wahren. Manche Gefühle sind gut im und für den Konflikt (Begeisterung, Sorge, Wut, Freude), manche sind es nicht (ohnmächtige Frustration, Verletztsein). Wer das eine vom anderen unterscheiden kann, hat mehr vom Leben und kann Konflikte besser und leichter bestehen. Das nennt man übrigens emotionale Intelligenz.

Haben Sie die Kraft?

Natürlich kostet es Kraft, in einen Konflikt reinzugehen, anstatt davonzulaufen. Ich mache das nun schon seit Jahrzehnten und trotzdem kostete es mich Überwindung, Mut und Kraft, den Kaffee-Vordrängler an seinen Platz zu verweisen. Kuschen ist auf jeden Fall bequemer. Aber inzwischen sollten wir in dem Alter sein, in dem wir nicht das tun, was bequemer ist, sondern das, was uns guttut.

Reife Männer mögen Frauen, die ihre Meinung sagen

Außerdem ist die Kraft, die das kostet, ja nicht vergeudet, sondern sehr gut angelegt: Sie bringt reiche Ernte! Als ich den Kaffeedrängler an seinen Platz verwiesen hatte, fühlte ich mich einfach besser, erntete die Anerkennung von vier Frauen – und im Übrigen auch den Respekt einiger umstehender Männer. Reife Männer mögen Frauen, die ihre Meinung sagen.

Heißt das nun, dass Sie ab sofort wie ein Mann laut werden und auf den Tisch hauen müssen, wenn Sie in einem Konflikt bestehen möchten? Nein.

Nur Männer brüllen rum

Frauen haben keine Konfliktkultur, keine Vorbilder. Die Mama, die Kindergärtnerin, die Grundschullehrerin: Sie alle gehen überwiegend defensiv mit Konflikten um und geben damit kein besonders glückliches Vorbild ab. Wenn dann eine Frau endlich genug von der Kuscherei hat und in den Konflikt ziehen will, um ihre Interessen zu schützen, was macht sie dann? Bei den einzigen Vorbildern

Das Harvard-Konzept

abkupfern, die sie im Konfliktfall hat: bei den Männern. Und dieses Vorbild schreckt maximal ab. Viele Frauen sagen in meinen Seminaren: »Wenn ich im Konfliktfall genauso rüpelhaft und rücksichtslos sein muss wie die Männer, dann kusche ich doch lieber!« Sie übersehen dabei, dass ausgerechnet eines der besten und einfachsten Konzepte der Konfliktbewältigung von Männern entworfen wurde; das sogenannte Harvard-Konzept:

 Tipp Hart in der Sache, weich zur Person.

Dieses Konzept leuchtet unmittelbar ein – doch bei der Umsetzung hapert es erfahrungsgemäß. Weil diese Art der Kommunikation gar zu ungewohnt ist. Deshalb üben wir die Formulierung jetzt ein wenig.

Formulieren Sie hart, aber herzlich

Gehen wir zurück zum Kaffee-Automaten im Bahnhof. Ein Mann hätte sich zum Beispiel mit folgendem Schlachtruf auf den Drängler gestürzt: »Sie spinnen wohl, jetzt bin ich an der Reihe!« Es ist klar, dass so eine Formulierung jede Frau abschreckt, die sich das männliche Konfliktverhalten zum Vorbild nimmt. Dabei bietet die charmante, selbstbewusste weibliche Rhetorik genügend Alternativen, zum Beispiel:

- ❑ die rhetorische Entschuldigung: »Entschuldigung, Ihnen ist möglicherweise entgangen, dass ich jetzt an der Reihe bin.«
- ❑ die höfliche Bitte: »Bitte stellen Sie sich hinten an.«
- ❑ die Dinge höflich aber bestimmt beim Namen nennen: »Sie haben wahrscheinlich nicht bemerkt, dass Sie sich eben vorgedrängt haben.«
- ❑ der sachliche Bescheid: »Einen Moment, jetzt bin ich an der Reihe.«
- ❑ Ironie: »Junger Mann, wo ist Ihre gute Kinderstube?«

Welche Formulierung passt (zu) Ihnen? Wählen Sie aus, probieren Sie aus, modifizieren Sie. Seltsam, nicht wahr? Wenn es um bestimmte Themen geht, müssen wir richtiggehend sprechen lernen. Testen Sie Ihre zurechtgelegten Mustersätze an kleinen Konflikten in der Familie, der Verwandtschaft, unter Freunden und Kollegen. Nur Formulierungen, mit denen Sie sich wohlfühlen, sind gute Formulierungen.

Je öfter Sie in einen Konflikt reingehen, desto selbstsicherer und wortgewandter werden Sie dabei. Erlauben Sie sich, langsam an der Materie zu wachsen. Beobachten Sie, wie Ihr Selbstbewusstsein mit jedem bewältigten Konflikt wächst. Dafür ist es irrelevant, ob Sie den Konflikt gewinnen oder verlieren. Bei Konflikten kommt es nur darauf an, dass frau sie wagt und besteht (aber erzählen Sie das Männern nicht – die wollen immer alles gewinnen, und wenn sie dabei verlieren).

Ihr Selbstbewusstsein wächst mit jedem bewältigten Konflikt

Hintenrum zicken

Nehmen wir an, eine der anstehenden Frauen hat den Kaffeedrängler erkannt. Während er sich vordrängelt, mosert sie von hinten: »Typisch Meier, immer vordrängeln!« Oder noch besser: Sie schweigt, erzählt es aber brühwarm der Kollegin: »Musst du dir mal vorstellen! Dieser Meier! Drängelt sich an soo einer langen Schlange vorbei! Unverschämt!«

Was ist das? Typisch. Auf diese Art und Weise verhalten sich viele Frauen im Konfliktfall. Sich nobel im Hintergrund halten, verdeckte Drohungen ausstoßen oder hintenrum anschwärzen. Damit verschafft man sich emotional zwar etwas Erleichterung und beruhigt sein Gewissen mit einer Alibi-Aktion. Aber richtig befriedigend ist das nicht und bewirken tut es gleich gar nichts. Woran fehlt's? An der Zivilcourage und an der passenden Formulierung: Sticheln Sie nicht von hinten. Sagen Sie klipp und klar, was gesagt werden muss.

Wenn Sie Ihren Mut zusammennehmen und hart, aber herzlich Ihren Standpunkt vertreten, kann nichts schiefgehen.

Selbst wenn Sie unterliegen – Sie fühlen sich besser, weil Sie Ihr Möglichstes getan haben. Hätte der Kaffeedrängler sich über meine Ermahnung hinweggesetzt, hätte ich die Schultern gezuckt, eine bissige Bemerkung gemacht und die Sache abgehakt. Es geht im Leben nicht darum, jeden Konflikt zu gewinnen. Es geht darum, seine eigenen Wünsche und Ziele nicht vor jedem dahergelaufenen Mannsbild über Bord zu werfen. Wenn Sie nicht zu sich und Ihren Wünschen stehen, wer sollte es sonst für Sie tun? Der Märchenprinz? Auf den können Sie unter Umständen lange warten.

 Selbst nach einem verlorenen Konflikt fühlen Sie sich besser, als wenn Sie kneifen.

Schreiben Sie Ihre Geschichte neu

 Die Retrospektive ist eine gute Sichtweise, um Ihre Konfliktstärke zu mehren. In welchen Konflikten der jüngsten oder älteren Vergangenheit haben Sie sich unter Wert verkauft? Was haben Sie gesagt? Und was hätten Sie vor dem Hintergrund dessen, was Sie bisher gelesen haben, lieber sagen mögen? Überlegen Sie sich Alternativen. Notieren Sie sie, wenn sie möchten:

....

....

....

Sie können diese Stärkungsübung auch mit zukünftigen Situationen machen. Welche Konflikte kommen mit hoher Wahrscheinlichkeit auf Sie zu? Was sagen Sie üblicherweise? Was könnten Sie eher sagen? Je öfter Sie dieses retrospektive und antizipative Spiel spielen, desto konfliktsicherer werden Sie.

Nicht über Leichen gehen

Sehr oft höre ich in Seminaren, Gesprächen und Coachings: »Ich möchte mich schon öfter durchsetzen – aber ich möchte doch nicht über Leichen gehen!« Frauen glauben, wenn sie mal im Konflikt auf ihren Wünschen bestehen, dass es dann gleich, im übertragenen Sinne natürlich, Tote gibt. Ich habe festgestellt, dass in dieser Situation folgender Wahlspruch sehr erleichtert und befreit und die Marschroute vorgibt:

 Nicht über Leichen! Aber, wenn es sein muss, über Leichtverletzte!

Wobei das meist auch schon übertrieben ist. Unter Erwachsenen kann man auch einmal ein offenes Wort reden, ohne dass sich einer gleich verletzt fühlen muss. Frauen, die wirklich etwas ändern möchten, haben keinerlei Bedenken, leichte Blessuren bei sich und anderen zu riskieren – schließlich geht es um ein Anliegen, das ihnen wichtig ist! Man muss auch Opfer bringen können – und wenn es für die eigene Sache ist.

Was denkt er jetzt über mich?

Viele Frauen glauben, dass mann schlecht über sie denkt, wenn sie in Konflikten ihre Frau stehen.

 Ersetzen Sie den Glauben durch die Beobachtung.

Die weibliche Rhetorik ist keine Frage der Theologie. Lassen Sie sich nicht von einem verbreiteten Irrglauben davon abhalten, im Konfliktfall Ihre Meinung vorzubringen. Beobachten Sie danach lieber: Wie war meine Wirkung tatsächlich? Ist er/sie jetzt wirklich sauer auf mich?

Ist er jetzt sauer?

In den meisten Fällen werden Sie erleichtert feststellen, dass die reale Beobachtung sehr vom irrealen Glauben abweicht und Ihr Gegenüber keineswegs sauer ist. An-, er- oder aufgeregt vielleicht, durch Ihre Meinung aktiviert und nun seinerseits nach Erwiderung suchend – doch auf keinen Fall persönlich sauer auf Sie.

Selbst wenn er es im seltenen Fall wäre, hinterfragen Sie einfach freundlich: Bist du jetzt sauer? Finden Sie meinen Wunsch unrealistisch? Was stört dich daran? Sie kennen jetzt meine Ansicht, welches ist Ihre?

 Tipp Sie haben ein Recht auf eine eigene Konfliktmeinung – aber gestehen Sie auch Ihrem Gegenüber dieses Recht zu.

Das Verhandlungsprinzip

Manchmal kann ich mich des Eindrucks nicht erwehren, dass viele Frauen den Sinn von Verhandlungen nicht ganz durchdrungen haben. Das erkennen Sie zum Beispiel an der häufigen Reaktion auf Widerspruch im Konfliktfall:

- ❏ Sie: »Ich möchte dem Kunden heute noch ein Preisangebot machen.«
- ❏ Er: »Geht nicht, die Kalkulation ist erst morgen früh fertig.«
- ❏ Sie: »Wenn das so ist, dann eben nicht.« (Sie zieht schmollend von dannen.)

Warum? Weil Frauen manchmal unbewusst davon ausgehen, dass Sinn eines Konflikts die Übereinstimmung ist. Sie erwarten unbewusst Zustimmung von der ersten Äußerung an. Das ist eine Fehlannahme. Sinn eines Konflikts oder jeder Kommunikation schlechthin ist nicht die Harmonie ex ante, von vornherein, nicht die Übereinstimmung, sondern die Abstimmung: Erst am Ende der Kommunikation stimmt man überein. Davor jedoch muss man erst reden, streiten, *verhandeln*, um zur Übereinstimmung zu gelangen. Warum verhandeln Frauen ungern? Weil sie glauben, dass Widerspruch nicht sachlich, sondern persönlich gemeint ist.

Erst Abstimmung, dann Übereinstimmung

Tipp Wenn Ihnen jemand widerspricht, ignorieren Sie die persönliche Komponente seiner Äußerung und konzentrieren Sie sich rein auf die sachliche Seite seines Arguments.

Fast alles im Leben ist Verhandlungssache, eine Sache der sukzessiven Abstimmung aufeinander. Torpedieren Sie diese nützliche, sinnvolle und fruchtbare Abstimmung nicht durch eine übereilte Konsenserwartung. Bleiben Sie geduldig – und verhandeln Sie. Der Konsens steht am Ende eines konstruktiven Konflikts, nicht am Anfang.

Eine Sache der Übung

Dass Frauen in Konflikten nicht länger kuschen, sondern ihre Wünsche artikulieren, scheint eine grundsätzliche Sache zu sein. Ein Umbruch, ein Paradigmenwechsel, etwas Unerhörtes, Ungedachtes.

Das scheint nur so und der Schein trügt. Schlicht gesagt: Es ist kein Paradigmenwechsel, es ist einfach nur ungewohnt. Frauen sind es nicht gewohnt, in Konflikten ihre Meinung zu sagen, nicht alles Gesagte gleich persönlich zu nehmen und zu verhandeln. Wenn wir diese verhandlungsorientierte Meinungsäußerung in Seminaren ein paarmal üben, wird jeder ganz schnell deutlich, dass das keine

weltbewegende Sache, sondern lediglich eine Sache der Übung ist. Schon nach wenigen Versuchen wird Ihnen die Artikulation Ihrer Wünsche so selbstverständlich erscheinen wie früher Ihr Kneifen.

Nicht immer, aber immer öfter

Wenn Frauen es sich langsam angewöhnen, auch in Konflikten zu sich selbst, ihrer Meinung und ihren Wünschen zu stehen, bricht sich eine große innere Befreiung Bahn. Viele sagen:

Die große Befreiung

- ❏   »Es ist ein gutes Gefühl, endlich für meine Ziele einzustehen.«
- ❏   »Ich hatte es satt, mir die Butter vom Brot nehmen zu lassen!«
- ❏   »Irgendwann muss man sich von der Opferrolle emanzipieren!«
- ❏   »Ich sorge jetzt selber für mich – es gibt kein besseres Gefühl!«

Sie müssen ja nicht in jedem Konflikt Ihre unverhohlene Meinung kundtun! Es reicht, wenn Sie es da tun, wo es drauf ankommt, wo es Ihnen wichtig ist, wo Sie einfach nicht zurückstecken möchten. Bezeichnenderweise gibt es eine deutliche Korrelation zwischen Artikulation und Veränderungsbereitschaft:

> ⚠ Frauen, die in ihrem Leben etwas ändern (und sich nicht immer nur beklagen) wollen, haben keine Scheu vor offenen Worten.

Wenn Sie in Konflikten lieber kneifen, sollten Sie sich einmal überlegen, ob es nicht daran liegen kann, dass Sie mit der bestehenden Situation zwar unzufrieden sind, aber nicht wirklich etwas daran ändern wollen. Auch das ist eine wertvolle Einsicht: Wozu streiten, wenn es die Sache gar nicht wert ist?

Wenn die Sache es Ihnen dagegen wert ist, werden Sie auch den Mumm und die Worte finden, sich im Konflikt zu behaupten. Sie werden schnell feststellen: Das ist gar nicht so schlimm, wie es zunächst aussieht und sich vor allem anfühlt. Aller Anfang ist schwer – doch danach geht es ganz schnell viel leichter.

Sie wird hysterisch

So scheu Frauen manchmal in Konflikten agieren, so sehr schießen sie dann übers Ziel hinaus, wenn sie sich in den Konflikt reinziehen lassen. Sie werden persönlich, kramen alte Geschichten heraus, verteilen Rundumschläge Marke »Und überhaupt, du hast mich ja sowieso nie richtig geliebt!«.

Für den Konfliktpartner sind das Treffer unter der Gürtellinie – egal ob Mann oder Frau. Warum werden Frauen derart fies? Weil sie, wie gesagt, sehr emotional sind. Vom Emotionalen zum Persönlichen ist es nur eine kurze Distanz. Unnötig zu sagen, dass nach einer persönlichen Attacke der Konflikt in der Regel jenseits jeder Bewältigungsmöglichkeit eskaliert: Der oder die andere schlägt zurück und die Schlammschlacht nimmt ihren Lauf. Zickenkrieg nennt das die Boulevardpresse. Dabei beruht das Ganze auf einem Missverständnis:

Wenn der Konflikt in eine Schlamm-schlacht ausartet

 Wenn Sie persönlich tief getroffen sind, geben Sie niemals Du-, sondern und immer Ich-Botschaften.

Du-Botschaften eskalieren Konflikte, weil sie immer einen offenen oder versteckten Vorwurf enthalten. Verwandeln Sie deshalb die Du-Botschaft, die Ihnen auf den Lippen brennt, in eine Ich-Botschaft. In unserem Fall zum Beispiel: »Ich fühle mich total missverstanden und tief getroffen«, »Ich wünsche mir nur ein wenig Unterstützung von dir«, »Ich könnte heulen, so wütend bin ich jetzt!«

Du-Botschaften enthalten immer einen Vorwurf

Zugegeben, der durchschnittliche keulenschwingende Mann versteht Ich-Botschaften die ersten Male nicht. Aber: Wenigstens eskaliert der Konflikt damit nicht. Und: Wenn Sie die betreffende Botschaft einfach drei-, viermal wiederholen, hat auch das Männerhirn genügend Zeit und Input, um sich auf die neue Art des Konfliktgestaltens einzustellen. Männer sind sehr lernfähig. Frau muss ihnen lediglich eine faire Lernchance geben.

Die Quartalscholerik

**Die Rabatt-
marken-Cholerik**

Eine beliebte weibliche Selbstsabotage-Rhetorik ist die Quartals-
cholerik: Frau frisst ein Ärgernis nach dem anderen in sich hinein,
oft tage-, wochen- oder gar monatelang – bis sie dann mit Getöse
explodiert. Psychologen nennen das auch die Rabattmarken-Chole-
rik: Frau sammelt so lange Rabattmarken, bis das Heft voll und die
nächste Cholerik fällig ist. Kennen Sie auch? Das kennt jede Frau.
Und jede weiß auch, dass das Käse ist. Weil dabei oft der komplette
Porzellanladen zerschlagen wird, fühlen wir uns danach ziemlich
bescheiden.

Warum tun wir uns das an? Weil wir glauben: »Wenn ich dieses
Mal noch darüber hinwegschaue, vielleicht erledigt sich das von
allein!« Wie wir alle wissen, ist das ein Irrglaube, der durch die
Realität widerlegt wird. Weil aber der Glaube erfahrungsgemäß
stärker als die Realität ist, sollten Sie diesen Irrglauben bewusst und
aktiv ausräumen und ihn durch eine sinnvolle und konstruktive
Konfliktstrategie ersetzen:

 Tipp   Lassen Sie etwas ein Mal durchgehen. Im äußersten Fall
auch zwei Mal. Aber spätestens beim dritten Mal geben
Sie Laut.

Womit? Natürlich mit einer Ich-Botschaft: »Ich fühle mich nicht
wohl damit. Lassen Sie uns darüber reden.« Das zu sagen ist nicht
wirklich schlimm, oder?

Die Tricks der Männer

Männer wissen selbst nach 30 Jahren Ehe oft nicht, welches
Waschpulver für welche Wäsche genommen wird oder wo der
Allesreiniger steht. Aber wie man Konflikte führt, das wissen sie
seit Jahrhunderten. Das heißt: Sie haben einen ziemlich langen
rhetorischen Vorsprung. Diesen egalisieren wir jetzt mal kurz.

Wenn Sie die rhetorischen Tricks der Männer kennen, bestehen Sie jeden Konflikt.

Daniela sagt erschrocken zur besten Freundin: »Meine Güte, ist der Peter heute morgen aber ausgerastet! Ich habe dann gar nicht mehr gesagt, dass die Hälfte vom Entwurf noch fehlt. Ich hab die Sache erst mal auf sich beruhen lassen und den Rest selber gemacht.« 1:0 für den Kerl. Denn er hat es (unbewusst) genau darauf angelegt: Er tobt und die Frau macht seine Arbeit.

 Männer sind in Konflikten wie Ferraris: In drei Sekunden von null auf hundertachtzig.

Männer werden in Konflikten extrem schnell unverhältnismäßig. Wie reagieren Frauen darauf? Wie Daniela. Sie nehmen den Ausraster für bare Münze und lassen sich einschüchtern. Danielas beste Freundin lässt das nicht mehr mit sich machen. Sie durchschaut den rituellen Bluff:

 Wenn Männer ausrasten, ist es nie so schlimm, wie sie tun. Ziehen Sie ruhig 50 bis 80 Prozent vom Getöse ab – der Rest spricht dann für sich.

Oder wie eine Seminarteilnehmerin einmal sagte: »Je lauter ein Hund bellt, desto weniger beißt er.«

Der passiv-aggressive Gesprächsabbruch

Es ist übrigens nicht so, dass nur Frauen vor Konflikten flüchten. Diese generalisierte weibliche Konfliktstrategie wenden Männer oft dann an, wenn sie eben nicht mit voller Wucht, heilloser Übertreibung und geschwungener Verbalkeule ins Feld ziehen. Um es flapsig zu formulieren: Männer schlagen entweder mit der Verbalkeule zu – oder die Tür hinter sich zu.

Laufen Sie niemals einem Mann hinterher!

Während sie ihm am Frühstückstisch zum Beispiel vorwurfsvoll vorhält, dass das Gartentürchen immer noch quietscht, vergräbt er sich einfach hinter seiner morgendlichen Zeitungswand. Während sie mit dem Arbeitskollegen darüber reden möchte, ob es denn nötig ist, immer die letzte Tasse Kaffee wegzutrinken und keinen neuen zu machen, geht er einfach wortlos und ohne sie eines Blickes zu würdigen zur Tür hinaus. Haben Sie auch schon erlebt? Wie haben Sie darauf reagiert? Ich kenne Vorstandsvorsitzende, die bei so was völlig die Contenance verlieren. Denn noch schlimmer als ein streitender Partner ist einer, der einen links liegen lässt, während frau mit soo einem Hals daneben steht und nicht weiß, wie ihr geschieht. Viele Frauen laufen dem Kerl dann hinterher und versuchen, das Gespräch fortzusetzen.

 Einem Kerl sollte man niemals hinterherlaufen – und wenn es der Letzte auf Erden wäre!

Zumindest nicht im Konfliktfall. Denn dabei kommt nun wirklich nichts Gutes heraus. Die Frau könnte genauso gut vor ihm auf die Knie fallen ...

Männer sind wie Pudding

Einen weglaufenden Mann zu stellen ist ungefähr so schwierig, wie einen Pudding an die Wand zu nageln. Doch im Gegensatz zum Pudding kann frau einen Mann durchaus »festnageln«, indem sie zum Beispiel Meta-Kommunikation (Kommunikation über die Kommunikation) betreibt:

Meta-Kommunikation

- ❏ »Ach, läufst du jetzt vor dem Problem weg?«
- ❏ »Das wollen Sie jetzt nicht hören. Damit kommen Sie nicht klar, nicht wahr?«
- ❏ »Was hilft es uns, wenn Sie jetzt weglaufen?«
- ❏ »Ich werte Ihr Weglaufen als Zustimmung.«
- ❏ »Sie laufen vor einer Frau davon? Ich habe Sie überschätzt!«

Zugegeben, das ist wider den Stachel gelöckt. Eine gezielte, aber wohl dosierte Provokation sozusagen. Wenn frau den Mann bei der Ehre als Mann packt, tut er sich schwer, wegzulaufen – vor allem vor einer Frau! Deshalb macht er auf dem Absatz kehrt und stürmt in den Konflikt zurück. Sonderlich angenehm wird er dann nicht sein – aber ein Konfliktgespräch ist immer besser, als den Konflikt weiter schwelen zu lassen.

Läuft er trotz Meta-Kommunikation weiter vor Ihnen davon, werten Sie das als Verbeugung vor Ihnen – und halten Sie sich im Weiteren an das Sprichwort: Steter Tropfen höhlt den Stein. Bringen Sie das Thema jedes Mal aufs Tapet, wenn Sie ihn sehen, schreiben Sie Memos, Aktennotizen und E-Mails, rufen Sie ihn an:

❏ »Wir haben noch ein Thema offen. Wann reden wir darüber? Passt es Ihnen morgen früh um neun?«

❏ »Aus meiner Sicht ist Thema X nicht abschließend besprochen. Ich möchte noch einige Fragen klären. Wann reden wir darüber?«

> Steter Tropfen höhlt den Stein

Viele Frauen möchten nicht auf diese Weise »auf die Nerven gehen«. Wann immer Sie das denken oder fühlen, erinnern Sie sich an das Harvard-Konzept der Verhandlungsführung: Hart in der Sache, aber freundlich zur Person. Sprechen Sie Ihre Gesprächsaufforderung einfach mit einem charmanten Lächeln und einem freundlichen Tonfall aus. Es gibt keinen lebenden Mann, einschließlich des Papstes, der nicht positiv auf weiblichen Charme reagieren würde. Das ist sozusagen ein rhetorischer Kniesehnenreflex, den nur Frauen aktivieren können.

Der Cowboy im Konflikt

Männer verhalten sich in Konflikten oft wie Cowboys: Sie hauen Pflöcke ein, um ihre Weide abzugrenzen. Erik zum Beispiel sagt: »Ich brauche die neue XTC 500. Ohne die macht ein Segment-Neuaufbau überhaupt keinen Sinn!« Serena ist schockiert, mit welcher Selbstverständlichkeit der Kollege eine Anschaffung im

Wert von 15 000 Euro fordert, die voll zulasten des gemeinsamen Budgets geht.

Die Willi-Technik

Man nennt das auch die Willi-Technik, weil Männer sich im Konfliktfall wie kleine quengelnde Kinder anhören: »Das will ich und das will ich und das will ich ... « Wie die meisten männlichen Konflikttricks ist auch dieser reiner Bluff. Fallen Sie nicht drauf rein. Sie decken jeden Bluff auf, indem Sie ihn drei-, viermal hinterfragen:

»Warum möchtest du so viel Geld ausgeben?«
»Weil das sonst keinen Sinn macht!«
»Warum macht das keinen Sinn?«
»Weil, weil ... Frag doch nicht so blöd!«
»Aha, dachte ich mir's. Du brauchst ein neues Spielzeug.«

Damit ist der Bluff aufgedeckt und Sie können sich trefflich mit dem Kollegen streiten, wie viel Geld er denn nun wirklich braucht. Dabei kommt auf dem Verhandlungsweg immer mehr heraus, als wenn Sie sich über die eingeschlagenen Pflöcke lediglich ärgern.

Wenn Männer zicken

Wenn es ums Zicken geht, ist die Rede immer nur von Frauen. Dabei weiß jede Frau: Männer sind die schlimmeren Zicken. Jede Vorgesetzte erfährt das täglich, wenn sie einem Mitarbeiter etwas anweist. Dann zickt, zetert, zögert und zaudert das Männchen der Gattung, dass es eine Freude ist: »Aber wieso das denn? Das haben wir doch schon probiert. Das funktioniert doch nicht. Außerdem habe ich dafür keine Zeit. Ich habe schon genug zu tun.« Et cetera. Was machen Frauen normalerweise mit so einer barttragenden Zicke? Sie reden ihr gut zu. Bringt das was? Haha, guter Witz. Versuchen Sie es doch einmal mit einer Sprache, die Männer verstehen. Benutzen Sie die Namenstechnik: »Herr Meier (Kunstpause, zwei Sekunden abzählen: einundzwanzig, zweiundzwanzig), ich weiß, das ist viel verlangt. Aber bitte machen Sie das. (Kunstpause) Jetzt. (Kunstpause). Danke, Herr Meier.«

Warum wirkt diese verblüffend einfache Technik so verblüffend gut? Weil der Name eines Menschen für diesen Menschen ein starkes Signal ist. Noch so ein rhetorischer Kniesehnenreflex. Kein Mensch ist dagegen immun. Hört der Mensch seinen Namen, verdoppelt er gleich seine Aufmerksamkeit, unterbricht seinen Gedanken- oder Redefluss und schaltet um. Tut er es nicht gleich, wiederholen Sie seinen Namen einfach. Sie fühlen sich vielleicht etwas blöd, wenn Sie seinen Namen wie ein Mantra vier-, fünfmal wiederholen. Aber glauben Sie mir: Er fühlt sich im Endeffekt noch viel blöder, wenn er endlich kapiert, was die Turmuhr geschlagen hat.

Die Namenstechnik funktioniert immer

4 Männer ...

Brüllt ein Mann, ist er dynamisch.
Brüllt eine Frau, ist sie hysterisch.
Hildegard Knef

Männer brüllen

Männer reden direkter, härter und aggressiver als Frauen. Wie gesehen angeln sie sich damit viele Vorteile in Beruf und Gesellschaft (und oft genug in der Beziehung). Daneben erhebt sich für jede Frau täglich mehrfach die schmerzhafte Frage: Wie gehe ich mit diesem harten Sprachstil um? Wie verhalte ich mich, wenn ein Kerl mich derart aggressiv und beleidigend anblafft?

Ich habe einmal mitnotiert, was Männer während nur eines Arbeitstages in einem durchschnittlichen Team in der herstellenden Industrie zu ihren und über ihre Kolleginnen sagten. Hier eine kleine Auswahl:

- ❑ »Jaja, typisch Frau, keine Ahnung von Technik!«
- ❑ »Nun zick hier nicht rum. Wohl schon lange keinen Kerl mehr gehabt, was?«
- ❑ »Sie ist einfach nicht voll belastbar. Sie hat halt Familie!«
- ❑ »Frauen sind sowieso nicht tough enough fürs Business.«
- ❑ »Was ist los mit dir? Hast du deine Tage?«
- ❑ »Pack sie nicht zu hart an. Die flennt doch gleich los.«

Typische Verbalangriffe

Die Männer hielten das für völlig normalen Small Talk. Den betroffenen Frauen hat es dabei vor Entrüstung meist die Sprache verschlagen. Die freundlichste Bemerkung einer Betroffenen war noch: »Ich weiß, die benehmen sich unmöglich – aber so sind nun

mal die Kollegen!« Diese Kollegin hat angesichts der Verbalbrutalität ihrer Kollegen still resigniert. Das ist eine Möglichkeit, mit männlicher Sprachaggression umzugehen. Eine andere ist, etwas dagegen zu tun. Hat frau nämlich den ersten Schock überwunden, wird schnell klar, dass sehr wohl etwas gegen Verbalaggression zu machen ist. Das machen wir jetzt.

Der Verbal-Brutalo

Selbst wenn Männer nicht persönlich werden, werden sie oft beleidigend. In einem Meeting besagten Teams brachte ein weibliches Teammitglied einen Vorschlag vor. Einer ihrer Kollegen sagte barsch: »Das taugt doch nichts! Das haben wir doch alles schon probiert!« Die Kollegin lief rot an und kämpfte sichtlich mit den Tränen.

Zu dem Vorfall befragt, sagte der Kollege danach erstaunt: »Wieso unhöflich? Aber das stimmt doch. Das haben wir schon ausprobiert und es hat nicht funktioniert. Ich war doch nicht unhöflich. Ich habe nur gesagt, was Sache ist!« Und das muss frau ihm sogar glauben:

> Männer reden einfach härter und direkter als Frauen. Frauen nehmen diesen härteren Stil meist unbewusst persönlich.

Was der Mann meinte, war: »Der Vorschlag taugt nichts!« Was die Frau verstand, war: »Du dumme Kuh hast ja keine Ahnung!« Das hätten Sie auch so verstanden? Der Mann dementierte vehement und glaubhaft: »Ich hab doch nichts gegen die Kollegin. Ich hätte so einen Vorschlag auch jedem Kollegen in gleicher Weise abgeschmettert!« Das stimmt – und das ist der springende Punkt.

Männer mögen's vulgär

Männer sind in ihrer normalen Kommunikation erschreckend vulgär. »Na, du dumme Sau, gibt's dich auch noch?« ist zum

Beispiel eine völlig normale Begrüßung unter alten Kumpels, die beantwortet wird etwa mit: »Mensch, Karl, alte Pfeife, du wirst auch immer fetter!«

Probieren Sie das einmal mit einer Frau und Sie haben eine Feindin fürs Leben. Für Männer sind gegenseitige frivole Scheinbeschimpfungen Beziehungskitt. Selbst wenn sie wissen, dass sie dem anderen damit auf den Schlips treten: Kleinere Blessuren nehmen sie dabei in Kauf nach dem Motto: »Ein echter Kerl muss so was aushalten können!« Der erste Fehler liegt nun darin, dass Männer zu Frauen wie zu Männern reden. Was einigermaßen paradox ist: Sie starren ungeniert auf den Busen oder den Po oder in den Ausschnitt und bewundern die wippende blonde Mähne und das Make-up, müssten also eigentlich bemerken, dass sie eine Frau vor sich haben – und reden sie an wie einen Mann! Da versteh eine die Männer ...

Männer denken allen Ernstes, dass sie bei Frauen gut ankommen, wenn sie sie genauso burschikos, oberflächlich und einfallslos ansprechen wie einen Mann. Auch deshalb glauben etliche Männer heute tatsächlich noch, dass Blondinen Blondinen-Witze lustig finden. (Und dabei wird Blondinen unterstellt, dass sie ein bisschen dumm seien. Wie dumm ist ein Mann, der einer Blondine einen Blondinen-Witz erzählt?) Der zweite Fehler liegt darin, dass Frauen diese sprachlichen Brutalo-Rituale nicht als solche erkennen. Deshalb rufen viele »Mobbing!«, wenn sie von einem Mann verbal hart angegangen werden, und rennen zur besten Freundin, um sich auszuweinen. Überspitzt ausgedrückt:

Für Männer sind Scheinbeschimpfungen Beziehungskitt

 Was Männer für herzlich halten, halten Frauen für beleidigend.

Männer glauben, sie sprechen offen, ehrlich und direkt. Frauen dagegen empfinden das als unhöflich, verletzend, arrogant, besserwisserisch, aggressiv, unverschämt, rüde, unmöglich, zotig. Heißt das nun, dass Sie den besonders herzlichen Sprachstil der Männer

verständnisvoll tolerieren sollen? Nein. Dass Sie etwas verstehen, heißt noch lange nicht, dass Sie es klaglos ertragen müssen.

Wie erziehe ich einen Mann?

❑ Begraben Sie die heimliche Erwartung, dass Männer so höflich und beziehungsfreundlich reden wie Frauen. Dann sind Sie weniger enttäuscht, wenn sie es nicht tun.

❑ Stellen Sie sich darauf ein, dass Männer direkter und brutaler kommunizieren – und es nicht so meinen!

❑ Nehmen Sie männliche Verbalgrobheiten bloß nicht persönlich! Die meinen nicht wirklich Sie, die reden bloß so. Merken Sie sich den Hundehalterspruch: »Der will bloß spielen!«

❑ Solche Mantras helfen; weitere sind zum Beispiel: »Er meint das nicht so!«, »Er weiß gar nicht, wie grob er ist.«, »Das hat nichts mit mir zu tun.«, »Er kann sich eben nicht besser ausdrücken.« (Ist wissenschaftlich übrigens nachgewiesen, s. Kapitel 6.)

❑ Greifen Sie zur positiven Verstärkung. Wenn ein Mann sich ausnahmsweise einmal sachlich, intelligent und höflich ausdrückt, anerkennen Sie das überschwänglich: »Das hast du sehr fein ausgedrückt. Vielen Dank.« Aus positivem Feedback lernen Zirkuspferde, Haustiere und Männer sehr viel schneller als aus Schelte, Tadel und Vorwürfen.

❑ Wenn einer grob wird, lassen Sie ihm das nicht durchgehen. Aber greifen Sie bitte nicht zu Sticheleien und Vorwürfen, wie zum Beispiel: »Sei doch nicht so unhöflich!« Das perlt an einem Kerl ab wie Regenwasser von seiner glattpolierten Motorhaube.

❑ Eine einfache Bitte ist viel instruktiver: »Bitte mäßigen Sie sich im Ton!«, »Bitte drück das moderater aus.«

❑ Ein echter Verbal-Macho wehrt sich dagegen: »Sei doch nicht so empfindlich! Das war doch nicht so gemeint!«

❑ Wer das einwendet, demonstriert lediglich, dass er nicht weiß, dass Frauen und Männer unterschiedlich reden.

- Erklären Sie dem Unbeleckten den Unterschied: »Ich weiß, du meinst das anders, aber in meinen Ohren klingt das rücksichtslos.«
- Unterstützen Sie die Privatlektion mit einem Vergleich: »Das ist so, als wenn ich zu dir sagen würde, dass … (was auch immer, zum Beispiel: … dass du eine dumme Sau bist).« Keine Angst vor Übertreibung! Wenn Sie es für völlig übertrieben und beleidigend halten, versteht der Kerl es gerade noch.
- Wiederholen Sie diese Lektion bei neuerlichen Verbalvorfällen. Männer lernen in der Regel nicht beim ersten Mal. Erst nach drei, vier Wiederholungen fällt der Groschen.
- Eine Standardausrede des geübten Verbal-Machos: »Aber so kann man das doch nicht sehen!« Kontern Sie: »Doch, genauso sehe ich das. Können Sie das respektieren?«
- Wenn Sie sich etwas mehr zutrauen, dürfen Sie auch ironisch werden: »Wohl im Schweinsgalopp durch die Kinderstube getrabt?«, »Interessant, war dieser Ton bei Ihnen zu Hause üblich?«
- Manchmal bietet es sich an, Verbalinjurien von Männern einfach wörtlich zu nehmen, zum Beispiel: »Das ist doch nichts Rechtes!« – »Vielleicht etwas Linkes?«; »Das ist keine gescheite Lösung!« – »Wieso? Hat sie kein Abitur?«; »Stell dich nicht so an!« – »An welcher Schlange soll ich mich anstellen?« Was der Lächerlichkeit preisgegeben wird, verletzt nicht mehr – und lehrt den Mann, künftig seine Zunge im Zaum zu halten.
- Auch ein Einwand von Männern: »Nun sei doch nicht so empfindlich!« Gute Retoure: »Sensibilität ist für mich eine wichtige Fähigkeit – würde dir übrigens auch gut zu Gesicht stehen.«

Übrigens: Es gibt auch nicht-manipulative Männer, die sich in ihrem Sprachverhalten sehr wohl auf Frauen einstellen können oder die generell wenig aggressiv sprechen. Meist haben diese einen dicken Stein im Brett bei uns Frauen, obwohl sie weder besonders attraktiv noch mächtig sind, was wiederum der typische Macho nicht versteht: »Was finden Frauen bloß an dem? Was hat der, das

ich nicht habe?« Eine gewaltfreie Sprache. Wie gesagt, diese seltenen Exemplare gibt es auch – aber über diese reden wir hier nicht, weil sie keine Probleme machen.

Typisch Frau!

Wenn Männer grob werden, greifen sie gern die Frau als Frau an: »Frau und Technik – ein Widerspruch in sich.«, »Sie als Frau verstehen das eben nicht.«, »Typisch Frau, nicht bis zum Ende gedacht!«
Das ist ein uralter rhetorischer Kampftrick: Nicht die Position des Gegners angreifen (vor allem wenn sie über jeden Angriff erhaben ist), sondern die Person. Es spricht nicht für ihre rhetorische Reife, wenn Frauen diese Anwürfe kontern mit: »Was wollen Sie denn? Immerhin mache ich den Job schon mehr als fünf Jahre!«

 Wenn Sie jemand *persönlich* angreift, sollten Sie sich auf keinen Fall *sachlich* rechtfertigen.

Wie der Gallier sagt: Qui s'excuse, s'accuse. Wer sich rechtfertigt, klagt sich an. Die verquere Logik dahinter: Wenn sich jemand verteidigen muss, dann muss am Vorwurf ja was dran sein! Der Eindruck einer Frau, die sich gegenüber einem Verbal-Chauvi verteidigt, entspricht einer maulenden Siebenjährigen, die sich ungerecht behandelt fühlt. Vielleicht gibt der Mann gnadenhalber nach – aber der Ruf der Frau ist ruiniert. Immerhin hat sie gequengelt wie ein kleines Mädchen ...
Nein, werden Sie als Frau angegriffen, zahlen Sie mit gleicher Münze zurück; zum Beispiel:

Zahlen Sie mit gleicher Münze zurück!

- ❑ »Aber Sie als Frau können das natürlich nicht wissen.«
  »Dann erklären Sie als Mann mir doch mal, was Sache ist.«
  Diese leise Ironie nimmt dem Angreifer den Wind aus den Segeln.
- ❑ »Frau und Technik – das kann nicht funktionieren!«

»Nun sagen Sie bloß, dass diese Maschine zwischen Mann und Frau unterscheiden kann. Dann hat sie sicher eine Frau konstruiert ... «

Es empfiehlt sich, für die »Typisch Frau«-Angriffe von Männern immer einen kleinen Vorrat an Verbalretouren bereitzuhalten, ihn immer mal wieder mit neuen Retouren aufzustocken und auch hin und wieder halblaut zu üben, damit sie »sitzen«.

Wenn Sie befürchten, dass Sie sich mit so einer Erwiderung auf das flache Niveau des Mannes begeben, empfehle ich eine Interessenabwägung: Was ist Ihnen wichtiger – auf Ihrem hohen Niveau zu bleiben oder dafür zu sorgen, dass die männlichen Verbalübergriffe aufhören? Jede Wahl ist die richtige, solange Sie damit zufrieden sind.

Chronifizierung

Es empfiehlt sich übrigens nicht, männliche Verbalaggression zu oft, zu intensiv oder zu lange nach dem Motto zu ertragen: »Die Klügere gibt nach.« Wie das Sprichwort schon sagt: Wer sich nicht wehrt, lebt verkehrt. Beim Sich-Wehren steht noch nicht mal so sehr der Erfolg im Vordergrund, sondern die Wirkung auf die eigene Seele und Psyche: Wer zu oft schluckt, entwickelt irgendwann mit tödlicher Sicherheit psychische oder psychosomatische Beschwerden. Wir alle kennen Beziehungen, die krank machen. Ähnlich ist es mit Verbalaggression: Schlucken Sie nicht zu oft! Tun Sie was.

Männer lügen

In den Zehn Geboten steht zwar, dass man nicht lügen soll, doch welcher Mann ist schon bibelfest? Männer lügen gewohnheitsmäßig. Sie machen das zwar absichtlich, aber nicht in der Absicht, Ihnen zu schaden. Sie lügen vielmehr, um gut dazustehen.

Der Mann sagt zum Beispiel: »Ich mache das gleich!« Die Frau versteht: »Heute noch!« Der Mann aber meint: »Wenn ich dem-

nächst mal Zeit habe.« Warum sagt er dann zu, wenn er grad keine Zeit hat? Um als Helfer, Retter und Macher gut bei Ihnen angeschrieben zu sein. Aber wenn er seinem Versprechen dann letztendlich nicht nachkommt, ruiniert er doch seinen Ruf, wenn seine Schwindelei auffliegt! Stimmt, aber so weit denken Männer nicht. Hören sie eine Bitte, sagen sie reflexhaft zu. Denn der Drang nach Anerkennung ist größer als die Übersicht über den eigenen Terminkalender. Wenn ein Mann etwas sagt, sollten Sie es am besten simultan übersetzen:

Glauben Sie einem Mann, was er *meint*

Mann sagt	Mann meint
»Ich kümmere mich darum!«	»Ich schiebe das jetzt auf die lange Bank.«
»Du bist die tollste Frau, die ich je kennengelernt habe!«	»Ich will dich ins Bett kriegen.«
»Nein, du bist nicht dick!«	»Ich werde den Teufel tun und darauf ehrlich antworten!«
»Gehen Sie jetzt mit dem Preis runter, dann bekommen Sie auch den Folgeauftrag.«	»Gehen Sie jetzt mit dem Preis runter – über den Folgeauftrag reden wir dann, wenn es so weit ist.«
»Mein Haus, mein Auto, mein Boot.«	»Ich bin besser als du!«
»Kannst du das mal für mich erledigen? Ich muss auf einen dringenden Kundentermin!«	»Ich habe keinen Bock auf diesen Job. Bist du blöd genug, ihn mir abzunehmen?«
»Ich werde dich lieben und ehren, bis dass der Tod uns scheidet.«	»Ich werde dich lieben und ehren, bis du deine Taille verlierst.«

Eine Seminarteilnehmerin meinte angesichts dieser kleinen Tabelle: »Ja kann man denn einem Mann nichts glauben?« Nein – das ist das beste Rezept, um Männer zu verstehen und glänzend mit ihnen klarzukommen.

 Glauben Sie einem Mann alles – alles, was er *meint*, nicht, was er *sagt*.

Die Münchhausen-Prophylaxe

- ❏ Rechnen Sie damit: Männer sagen auf eine Pauschaldelegation hin in der Regel Dinge zu, die sie nicht halten werden. Sie schieben das Zugesagte endlos auf. Oder sie machen es nur halb und behaupten: »Aber so hast du es doch gesagt!«
- ❏ Delegieren Sie deshalb nie pauschal, sondern immer nach dem 2W-Prinzip: Was soll er bis wann tun? Zum Beispiel: »Bitte bring den Wagen morgen zur Werkstatt und lass die Handbremse neu einstellen.« Je genauer Sie delegieren, desto genauer wird er liefern.
- ❏ Natürlich macht er dann auch nicht zu 100 Prozent, was Sie sich wünschen – aber mit deutlich höherer Wahrscheinlichkeit und besserem Ergebnis als nach Pauschaldelegation.

Viele Frauen haben Angst vor dieser Hartnäckigkeit bei Bitten und Delegationen. Sie haben Angst, sich unbeliebt zu machen. In diesem Fall hilft wieder die Interessenabwägung: Was ist Ihnen mehr wert? Beliebt zu sein oder zu bekommen, was Sie sich wünschen? Egal wie Ihre Antwort lautet, mit dieser Antwort im Hinterkopf werden Sie immer das Richtige tun. Kleiner Tipp: Verzichten Sie nicht zu oft auf Ihre Wünsche. Sonst nimmt die Seele Schaden.

 Am Arbeitsplatz sollten Sie das Vereinbarte schriftlich festhalten, damit er sich später nicht rausreden kann.

Vor langer Zeit war mal ein Handwerker im Büro, dem ich fast buchstabierte: »Bitte nur die beiden Fenster im Vorraum herausreißen – auf keinen Fall das Fenster im Flur, das ist nämlich ganz neu.« Was tut der Kerl, nachdem ich ihn eine halbe Stunde unbeaufsichtigt lasse? Am nagelneuen Flurfenster mit dem Bohrhammer hantieren! Seither gebe ich Handwerkern alles schriftlich. Dann kann sich wenigstens keiner herausreden: »Aber das haben Sie gar nicht gesagt!«

❑ Natürlich müssen Sie damit rechnen, dass selbst bei bester Prophylaxe der Kerl immer noch flunkert wie Münchhausen. Sie können einem Krokodil das Beißen nicht ganz abgewöhnen. Deshalb ist es besonders wichtig, dass Sie ihm auch Restlügen nicht durchgehen lassen, um die klare Botschaft zu vermitteln: »Damit kommst du bei mir nicht durch!«

❑ Sprechen Sie jeden Wortbruch an. Wie Sie das tun, entscheiden Sie. Die Palette reicht von der sachlichen Nachfrage bis zum bitteren Vorwurf.

❑ Sachliche Nachfrage, zum Beispiel: »Du hast mir 60 versprochen und lieferst jetzt 40. Warum?«

❑ Vorwurfsfreie Ich-Botschaft: » ... und lieferst jetzt 40. Also das enttäuscht mich jetzt schon.«

❑ Glatter Vorwurf: »Ein Mann, ein Wort – selten so gelacht. Du verdammter Rosstäuscher!«

Seien Sie nicht so leichtgläubig

Es überrascht mich immer wieder, wie oft Frauen von bestimmten Männern angelogen werden – und ihnen trotzdem beim nächsten Mal wieder vertrauen und wieder und wieder ... Es ist zwar schön, dass Frauen offensichtlich unerschütterlich und trotz laufender Gegenbeweise an das Gute im Mann glauben – doch irgendwann fühlt sich jede über Gebühr belogen und ausgenutzt. Wenn es bei Ihnen so weit ist, ignorieren Sie den Rat guter Freundinnen: »Sei doch nicht so leichtgläubig!« Denn Misstrauen bringt Sie a) nicht weiter und schadet b) auch Ihrem Charakter.

Tipp Vertrauen ist gut, Kontrolle ist besser – ein typischer Männerspruch. Richtig muss er heißen: Vertrauen ist gut, nachfragen stärkt das Vertrauen.

Wenn Ihnen das nächste Mal ein Mann das Blaue vom Himmel verspricht, haken Sie freundlich und ruhig etwas besorgt nach: »Noch heute? Aber du hast doch gerade so viel zu tun!« Wenn Sie dem Mann derart offen ein Hintertürchen anbieten, nutzt er es meist und vereinbart einen realistischeren Termin. Warum? Weil sein oberstes Kommunikationsziel eben nicht ist, Ihnen einen Gefallen zu tun, sondern gut dazustehen. Mit dem Hintertürchen bieten Sie ihm beides an: eine realistische Zusage und trotzdem gut dazustehen.

Hinterfragen Sie jede Zusage so lange, bis Ihnen völlig klar ist, wie der zusagende Mann seine Zusage realisieren möchte, bis er Ihnen klargemacht hat, wie er die auftretenden Hindernisse überwinden möchte. Bis Sie also sehen, ob und inwieweit die Zusage *realistisch* ist. Keine Angst, Männer empfinden dieses Interesse für ihre Person und ihre Arbeit als schmeichelhaft. Vor allem wenn Sie dabei etwas die Naive spielen.

Das berühmte Hintertürchen

Hochstapler

Dass Männer nicht gewohnheitsmäßig lügen, um Sie hinters Licht zu führen, zeigt sich besonders deutlich an ihrer notorischen Hochstapelei.

 Männer übertreiben haltlos. Fallen Sie bloß nicht darauf herein!

Jeder Mann ist automatisch ein Experte für alles Technische, für Fußball, Boxen, Formel 1, Frauen, Erziehung, Ernährung, Politik, Gesundheit und Haushalt – selbst wenn er nichts davon jemals praktiziert hat. Neulich meinte so ein selbsternannter Experte, als

Kein Problem für
mich!

ich ihm eine Aufgabe delegierte: »Kein Problem, das habe ich schon
oft gemacht!«

Weil ich auf solche Formulierungen inzwischen sehr hellhörig
reagiere, dachte ich mir gleich: »Früher wärst du auf so was
reingefallen – und hättest es schwer bereut!« Deshalb fragte ich
nach: »Wie oft haben Sie das denn schon gemacht?« – »Boah,
bestimmt schon zwei Mal!«

 Wenn ein Kerl dick aufträgt, müssen Sie ihm nicht gleich
die Hose runterziehen. Hinterfragen Sie einfach.

Wenn ein Kerl dick aufträgt, übersetzen Sie einfach simultan.
»Damit kenne ich mich aus!« heißt zum Beispiel: »Ich habe dabei
mal zugeschaut.«

Männer schlagen

Weil Männer generell alles besser wissen und können, geben sie für
ihr Leben gern ungefragt Ratschläge. Sie wissen nicht: Auch
Ratschläge sind Schläge.

In einer Beziehung ist diese Angewohnheit besonders nervtötend.
Sie hatte einen beschissenen Tag und möchte eigentlich nur ihre
Sorgen mit ihm teilen und ein wenig Verständnis bekommen – und
was macht er, der unsensible Kerl? Er hört gar nicht zu, hat erst
recht kein Verständnis, sondern gibt ungefragt Ratschläge: »Aber
warum hast du nicht ...?«

Im beruflichen Kontext ist dieses unsensible Verhalten genauso
irritierend. Die Kollegin klagt ihr Leid über einen besonders
schwierigen Kunden dem Kollegen und dieser sagt: »Du berätst viel
zu umständlich. Schneller zum Abschluss. Sag ich schon immer!«
Frauen denken dabei meist: »Was fällt dem denn ein? Eingebildeter
Lackaffe!« Warum tun Männer das? Weil sie mit ihrem Fachwissen
die Frau beeindrucken wollen. Wüssten sie, dass sie mit ihrer eitlen

Ratschlagerei genau das Gegenteil erreichen, würden sie sich lieber auf die Zunge beißen …

Frauen sollten nicht auf Männer hören

Im beruflichen Kontext ist es nicht so schlimm, dass die Ratschlagerei der Männer unsensibel ist. Schlimmer ist, dass viele Frauen diese Ratschläge zwar als ungebeten empfinden, aber nichtsdestotrotz oft für bare Münze nehmen und denken: »Ach? So ist das? Wusste ich nicht. Probier ich gleich mal aus.«

 Ein Mann gibt keine Ratschläge, damit Sie ihnen folgen, sondern damit Sie ihn bewundern!

Woran man das erkennt? Schlicht daran, dass die meisten Ratschläge sachlich falsch sind. Das ist nur logisch. Auf sachliche Richtigkeit legt der Mann an sich keinen Wert – er will sich ja bloß wichtig machen! Trotzdem fallen viele Frauen auf diese Ratschläge herein und auf die Nase. Oft auch deshalb, weil der Ratschlag schon nützt – aber leider dem Mann, nicht der Frau. So raten Kollegen Kolleginnen gern zur Übernahme von »tollen« Projekten, Aufgaben oder Kunden – um sie vom Hals zu haben. Deshalb:

- ❏ Wenn ein Mann Ihnen einen Ratschlag gibt, glauben Sie ihm nicht unbesehen.
- ❏ Bedanken Sie sich aber auf jeden Fall überschwänglich: »Danke für den tollen Tipp!«
- ❏ Dann hinterfragen Sie den Ratschlag: »Wie meinen Sie das genau?«
- ❏ Überprüfen Sie den Rat empirisch: Gibt es Erfahrungswerte und Vergleichsdaten?
- ❏ Prüfen Sie den Rat auf Plausibilität: Wie soll das gehen? Wie wahrscheinlich ist das? Welches Ergebnis wird erfahrungsgemäß dabei herauskommen?

So fallen Sie auf männliche Ratschläge nicht herein

❑   Machen Sie sich Ihre eigenen Gedanken dazu: Was ist dran an diesem Rat?
❑   Fragen Sie sich auch: Cui bono? Wem nützt dieser Rat wohl?

Ach, das wissen Sie noch nicht?

Männer sind Experten darin, Ihnen im Vorübergehen eine reinzuwürgen. Ein rhetorischer Klassiker ist die Unterstellung von Ahnungslosigkeit:

Ist das denn die Möglichkeit?

❑   »Ach, das wussten Sie noch nicht?«
❑   »Wie, das haben Sie noch nicht?«
❑   »Sie machen das immer noch so?«
❑   »Sie haben das wohl noch nicht mitgekriegt.«
❑   »So macht man das schon lange nicht mehr.«

Das sind die kleinen Nickligkeiten, die einem den Tag versüßen. Anstatt sich stumm zu ärgern, dass dieses Exemplar Mann noch nicht vom Blitz erschlagen wurde, sollten Sie immer eine schöne Erwiderung parat haben:

Sarkastisch kontern

❑   »Nö, muss man das denn wissen?«
❑   »Ach, dieser neumodische Kram bringt's doch nicht wirklich.«
❑   »Was für ein Glück, dass ich Sie getroffen habe. Erklären Sie mir das mal!« (Sie werden es nicht glauben, aber viele Männer bemerken den Sarkasmus noch nicht mal!)
❑   »Ich brauch das nicht wirklich für mein Selbstwertgefühl.«
❑   »Wofür soll das denn gut sein?«

Männer machen mies

Männer haben ein neurotisches Verhältnis zum Erfolg. Sie hecheln ihm hinterher und blasen selbst Mini-Erfolge zu nobelpreisverdächtiger Größe auf – es sei denn, ein anderer hat Erfolg. Dann reden sie ihn schlecht:

❑   »Na, da war doch auch viel Glück dabei!«
❑   »Ach, so großartig ist das doch nicht.«

❑ »Ohne unsere gute Vorarbeit hättet ihr das nie geschafft!«

Männer neiden anderen den Erfolg. Frauen haben eher die Tendenz, sich mit anderen über deren Erfolge zu freuen. Betrachten wir ein Beispiel.

z.B. Michaela »knackt« einen Kunden, den fünf Berater vor ihr erfolglos bearbeitet haben. Sie meldet ihren Erfolg im wöchentlichen Verkäufer-Briefing. Hans sagt: »Das war doch keine Kunst! Nachdem fünf Kollegen ihn bearbeitet haben, war der jetzt einfach reif.« Michaela wird grün im Gesicht vor Frustration. Rhetorisch gesehen ist das nicht besonders wirksam: Wer sich zu häufig ohne Gegenwehr runterputzen lässt, kriegt irgendwann den Ruf, tatsächlich nicht gut genug zu sein. Folgende Optionen bieten sich an:

❑ Die rhetorische Konzession: »Mag sein – aber warum hat dann keiner von euch den Auftrag geholt?«

❑ Die Geschlechter-Ironie: »Ist es so schlimm für euch, von einer Frau geschlagen zu werden? Seid ihr nicht Manns genug dafür?«

❑ Die Neid-Unterstellung: »Wenn ein anderer den Auftrag geholt hätte, wäre ich auch neidisch!«

❑ Einfach überhören: »Ja, ich halte das auch für einen sensationellen Erfolg.« Oder: »Schön, dass ihr euch mit mir freut.«

❑ Den Einwand bewusst fehlinterpretieren: »Danke für die Blumen. Ich finde das auch ganz toll.«

❑ Die eigene Propaganda ungerührt durchziehen: »Ich wusste gleich, dass ich den Auftrag kriege. Gelernt ist gelernt.«

Wehren Sie sich gegen Miesmacherei!

Männer unterbrechen

Männer unterbrechen Frauen öfter als umgekehrt. Auf Meetings ist das besonders häufig zu beobachten. Frauen reagieren darauf meist auf zwei Arten. Entweder sie verstummen konsterniert – was frau nicht machen sollte, da es den Täter zur Wiederholung ermuntert. Oder sie zetern im Tonfall einer Sechsjährigen: »Nun lassen Sie mich doch auch mal ausreden!« Souverän wirkt das nicht, eher zickig. Besser ist:

❑ Wenn die Unterbrechung nur kurz war, schauen Sie den Unterbrecher einfach kurz an – und machen dann ungerührt weiter im Text. Die Botschaft: Solche Rüpel wie dich ignoriere ich doch glatt!
❑ Wenn einer das Wort an sich reißt und nicht mehr hergibt, zahlen Sie mit gleicher Münze zurück. Unterbrechen Sie ihn höflich, aber bestimmt und machen ihn auf seinen Fauxpas aufmerksam: »Vielleicht ist Ihnen entgangen, dass ich mit meiner Ausführung noch nicht zu Ende war. Was ich sagen wollte, bevor ich unterbrochen wurde ... « Und dann weiter im Text.

Kostet Mut? Sicher. Es kostet Mut, sich gegenüber anderen zu behaupten. Aber die Alternative ist undenkbar: Sich ein Leben lang unterbuttern zu lassen.

Männer manipulieren

Frauen arbeiten, Männer lassen arbeiten

Männer benutzen Sprache auch zur Manipulation: »Kannst du den aktuellen Controllingbericht auf Kostensenkungspotenziale durchsehen? Du kennst dich doch damit aus!« In Wahrheit möchte er sich bloß vor der ungeliebten Arbeit drücken. »Frau Müller, schreiben Sie doch das Protokoll. Sie machen das immer so gut!« Und schon wieder übernimmt eine Frau eine Arbeit, für die sich die Männer zu schade sind.

Männer benützen intentionale Anerkennung und die Vorspiegelung von Unerfahrenheit oder anderweitigen »wichtigen« Verpflichtun-

gen, um Frauen zu manipulieren, ungeliebte Jobs zu übernehmen. Wie der Bürospruch schon sagt: Frauen arbeiten, Männer lassen arbeiten. Warum lassen Frauen das immer wieder mit sich machen? Weil der Helfertrieb mit ihnen durchgeht.

 Wenn Sie das nächste Mal ein Mann um etwas bittet, überlegen Sie erst einmal, ob er das nicht gut und gerne selber könnte.

Wägen Sie ab: Was ist Ihnen mehr wert? In den Augen des Bittstellers gut dazustehen und dabei die eigene Arbeit, die eigenen Wünsche und Ziele zu vernachlässigen? Oder nicht auf den Trick hereinzufallen und dem Manipulateur höflich abzusagen? Richtig bemerkt: Dafür muss frau Nein sagen können. Weil das eine elementare Fähigkeit ist, üben wir das im folgenden Kapitel.

Männer quasseln

Es wird immer wieder behauptet, dass Frauen ohne Hemmungen klatschen und tratschen. Selbst die Sprache spiegelt dieses Vorurteil wieder. Die Begriffe »Klatschtante« oder »Waschweib« sind Belege dafür. Wer Frauen für Klatschbasen hält, hat noch nie Männern auf einem Meeting zugehört. Frauen klatschen wenigstens im mehr oder minder privaten Rahmen. Männer dagegen halten mit ihren nutzlosen Ergüssen die Arbeit auf, indem sie auf Besprechungen nach dem Motto reden: »Es wurde zwar schon alles gesagt – aber noch nicht von mir!« Und dann erzählen sie lang und breit:

❏ was fünf andere vor ihnen schon gesagt haben
❏ was überhaupt nichts mit dem Thema zu tun hat
❏ eine Anekdote aus ihrem Leben, die nicht weiterhilft, aber demonstriert: »Ich habe Erfahrung!«
❏ wovon sie leider überhaupt keine Ahnung haben

Männerklatsch im Meeting

Frauen bringt das normalerweise höllisch auf die Palme: »Schämt der sich nicht, sich derart eitel in den Vordergrund zu spielen und

unsere Arbeit zu behindern?« Die Entrüstung ist berechtigt, aber wenig hilfreich. Hilfreicher ist:

- ❑ Wenn einer lediglich hin und wieder eine völlig überflüssige Bemerkung einwirft, dann machen Sie gute Miene zum bösen Spiel, nicken ihm freundlich zu und machen danach zügig weiter im Text.
- ❑ Wenn einer minutenlang Selbstprofilierungsmonologe hält, unterbrechen Sie ihn bloß nicht, indem Sie ihn darauf hinweisen, dass er Unfug redet oder die Zeit knapp wird. Das stachelt ihn nämlich nur noch mehr auf!
- ❑ Warum? Weil einziger Zweck seiner Selbstprofilierung was ist? Anerkennung. Fallen Sie ihm ins Wort und geben Sie ihm diese Anerkennung, selbst wenn er noch gar nicht fertig ist: »Danke für den guten Hinweis, Herr Meier (Namenstechnik!). Das müssen wir auf jeden Fall beachten. Bitte gleich im Protokoll vermerken.« Und sofort weiter im Text!
- ❑ Erfahrene Business-Ladys machen die Übung auch prophylaktisch. Noch bevor der Quassler allen die Zeit stiehlt, sprechen sie ihn vorbeugend an: »Herr Meier, ich glaube, dass wir an dieser Stelle auf die Toleranzabweichung achten müssen, nicht wahr? Sie haben ja Erfahrung damit.« Und weiter im Text. Der Mann kriegt, was er will: Anerkennung. Und muss noch nicht mal den Mund dafür aufmachen (und alle anderen damit langweilen). Schöne Nebenwirkung: Sie gewinnen einen Freund fürs Leben.

Männer loben nicht

Holger und Anna sind zwei Elektro-Azubis. Sie basteln gemeinsam an einem Schaltschrank. Der Meister kommt vorbei, schaut den beiden über die Schulter, brummt was und zieht von dannen. Anna dreht sich frustriert zu Holger um und sagt: »Was mache ich denn jetzt wieder falsch? Ich kann es ihm einfach nicht recht machen!«

Holger meint verwundert: »Wieso? Er hat doch nichts gesagt – also ist alles in Ordnung!« Diese Reaktion ist nicht Annas Jugend zuzuschreiben. Frauen jeden Alters reagieren so. Wir sehen daran wieder einmal:

 Wir alle wissen, dass Männer und Frauen verschieden sind. Doch im ganz normalen Alltag können wir dieses Wissen leider nicht umsetzen.

Männer reden anders als Frauen. Das heißt aber auch: Männer loben anders als Frauen!

 Männer reagieren auf fehlende Anerkennung mit: »Er sagt nix, also ist nix zu kritisieren!« Nach dem Motto: Wenn er nichts sagt, ist alles in Ordnung. Frauen dagegen reagieren auf fehlende Anerkennung mit Verunsicherung und Zweifeln: »Was mache ich falsch?«

Es wäre schön, wenn Männer endlich kapieren würden, dass sie die Hausfrau auch mal loben sollten, wenn sie sich in der Küche wieder einmal selbst übertroffen hat oder das Heim immer schön gemütlich aussieht. Dass sie Mitarbeiterinnen ruhig anerkennen dürfen, wenn sie einen guten Job abliefern. Wie gesagt, das wäre schön. Doch wer weiß, wie unsäglich schwer Männern diese simple Übung fällt, sollte eine zweite Option in Betracht ziehen:

 Wenn ein Mann sieht, was Sie leisten, und nichts dazu sagt oder einfach nur brummt, dann dürfen Sie das mit der ausdrücklichen Genehmigung aller 3,4 Milliarden Männer auf diesem Globus übersetzen mit: »Gut gemacht! Weiter so!«

Denn eines ist sicher: Wenn er fände, dass Sie es *nicht* gut gemacht haben, dann würde er es Ihnen sicher faustdick auf die Stulle schmieren!

Männer metzeln

Eine Frau darf sich keine Fehler leisten

Männer haben ein schizophrenes Verhältnis zu Fehlern. Begehen sie selber einen, streiten sie alles ab und schieben die Schuld auf andere. Begeht ein anderer einen, machen sie ihn zur Sau, wie der offizielle Macho-Begriff dafür lautet. Begeht eine Frau einen Fehler und hat der Mann sie sowieso schon auf dem Kieker, artet das manchmal zum Blutbad aus. Aus diesem Grund sagen Frauen manchmal: »Eine Frau darf sich in dieser Firma keinen Fehler leisten!« Das ist eine mögliche Schlussfolgerung – aber es ist eine sehr anstrengende. Vor allem ist es eine Symptomkur. Denn das Übel liegt nicht an den Fehlern – Fehler macht jede(r)! –, sondern an der fehlenden Fehlerkultur.

Weil Männer bei Fehlern von Frauen manchmal derart brutal werden, reagieren viele Frauen mit blankem Entsetzen, dem Heulreflex, einer Rechtfertigung oder am allerschlimmsten mit einem Schuldeingeständnis: »Ja, da habe ich Mist gebaut!« Leider macht das die Sache nur noch schlimmer. Denn wer sich rechtfertigt oder Schuld eingesteht, unterwirft sich sprachlich. Oft nehmen Männer diese Unterwerfung krummer als den eigentlichen Fehler. Wenn Frauen nach groben Fehlern beispielsweise degradiert werden, wo ein Mann die Position behalten hätte, dann liegt das meist nicht am eigentlichen Fehler, sondern an der rhetorischen Unterwerfung. Wer sich nicht unterwirft, hat mehr vom Leben:

❏   Lassen Sie sich auf keinen Fall in die Defensive drängen! Sie haben einen Fehler gemacht, okay, aber das heißt noch lange nicht, dass Sie sich abschlachten lassen müssen!

❏   Zeigen Sie, dass Sie Fehler wegstecken können, indem Sie ganz klar die Faktoren aufzeigen, für die Sie nichts konnten, zum Beispiel: »Okay, das ging schief. Aber bei diesem mageren Budget war eben nicht mehr drin.«

❑ Männer dramatisieren Fehler gern. Dedramatisieren Sie: »Nun mal ruhig Blut. Sie machen aus einer Mücke einen Elefanten. Das lief unglücklich, aber es ist keine Katastrophe.«

❑ Sie können auch mit gleicher Münze zurückzahlen: »Du kannst grade reden, Peter. Was war denn letzten Monat mit deinem XY-Projekt?« – »Aber das ist doch was ganz anderes!« – »Logo, würde ich an deiner Stelle auch sagen.«

❑ Lassen Sie den Angriff ins Leere laufen: »Ich weiß nicht, wer Sie falsch informiert hat. Wir haben die Abweichung schon längst wieder unter Kontrolle.«

❑ Decken Sie die Naivität des Anklägers auf: »Wo gehobelt wird, da fallen Späne. Sie haben doch nicht wirklich geglaubt, dass ein Projekt dieser Größe ohne böse Überraschungen abgeht? Wo bleibt Ihr Sinn für Realität?«

❑ Manchmal sticht auch die Wie-du-mir-Karte: »Nur zu, lieber Kollege. Ich freue mich schon darauf, wenn du das nächste Mal Mist baust – dann revanchiere ich mich.« Männer sind politische Tiere, die diesen Wink verstehen.

❑ Unterstellen Sie Eigeninteressen: »Bei Ihrer völlig überzogenen Reaktion frage ich mich unwillkürlich: Welchen Vorteil verschaffen Sie sich, indem Sie mich anschwärzen? Wem kriechen Sie gerade hinten rein?«

❑ Holen Sie den Vorgang auf die Sachebene herunter: »Wenn Sie so überaus clever sind – wie geht's jetzt weiter? Kritik hilft uns leider nicht weiter. Wenn Sie nichts dagegen haben, wende ich mich wieder der Lösung des Problems zu. Wenn Sie dazu was beitragen möchten, melden Sie sich einfach.«

Machen Sie sich Luft!

Zu den letzten Erwiderungen braucht es Mut? Richtig – aber es macht nach der ersten Überwindung auch richtig Spaß, sich Luft zu machen!

5 Neinsagen können

Das wichtigste Wort in meiner Karriere war Nein.
Mae West

Männer machen Karriere auf dem Rücken von Frauen

Wenden wir uns einem Thema zu, das ich persönlich für eines der wichtigsten der weiblichen Rhetorik halte: Frauen können nicht gut Nein sagen. Deshalb machen sie täglich jede Menge Dinge, die sie eigentlich nicht machen möchten, werden oft nach Strich und Faden ausgenutzt und fühlen sich auch so. Was haben Sie heute alles schon übernommen, wozu Sie lieber Nein sagen wollten, sich aber nicht trauten? Wie viele Aufgaben kommen dabei zusammen? Mehr als fünf? Mehr als zehn? Mehr als zwanzig? Schon erschreckend, nicht wahr, wenn frau das mal über den Tag zusammenzählt ... Und das Woche für Woche, Jahr für Jahr – das ruiniert auf Dauer selbst die stärkste Gesundheit, die stabilste Psyche; ganz zu schweigen vom Seelenheil und der Lebenszufriedenheit. Und das ganze Leid nur deshalb, weil Frauen Nein denken und dann doch wieder »Also gut, gib schon her« sagen. Ärgern Sie sich manchmal auch darüber? Gut, dann besteht noch Hoffnung.

»Kannst du das mal schnell für mich erledigen?«, »Ich muss ins Meeting, könnten Sie mal ... ?«, »Frau Müller, schreiben Sie doch wieder das Protokoll, Sie machen das so gut!« Und schon übernimmt frau wieder eine Arbeit, die ihr ein Mann aufs Auge drückt. Nun könnte man einwenden, dass die Arbeit schließlich gemacht werden muss und es im Endeffekt keine Rolle spielt, ob ein Mann

Wie oft denken Sie Nein und sagen aber Ja?

oder eine Frau sie erledigt. So argumentieren viele Männer. Das Argument hat ein Loch so groß wie der Grand Canyon:

 Während Männer Karriere machen, sich (un)verdiente Anerkennung holen, vom Chef beachtet werden, sich lukrative Kunden und attraktive Projekte angeln, sich Positionen, Beförderungen und Privilegien sichern, erledigen Frauen ungeliebte, nebensächliche, unsichtbare, zeitintensive und undankbare Blödjobs, für die es keine Karriere, keine Privilegien und kaum Anerkennung gibt – weil sie nicht Nein sagen können.

»Die Frau ist der moderne Sklave des Kapitalismus«, beschrieb das eine Organisationspsychologin. Gut genug für die niederen Arbeiten, aber nicht gut genug für Anerkennung, gleiches Gehalt und beruflichen Aufstieg.

 Während Männer Karriere machen, machen Frauen Hilfsarbeit.

Und das alles nur, weil Frauen nicht oft genug und gut genug Nein sagen können. Erschreckend, wie mächtig Kommunikation sein kann. Wie das Sprichwort sagt: Das Wort ist mächtiger als das Schwert. In diesem Fall ist es ein unausgesprochenes Wort, das mächtiger ist als das Schwert.

Sie werden, was Sie machen

Wer ständig das Protokoll schreibt, die Blumen gießt, den Kaffee kocht, die Ablage macht, die Projektberichte tippt, die Präsentationsunterlagen anderer aufbrezelt, aufgebrachte Kunden beruhigt, stillschweigend die Fehler der Kollegen ausbügelt und andere Hilfsarbeiten erledigt, leistet sich selbst einen Bärendienst.

Wer zu oft Hilfsarbeiten übernimmt, wird bald nur noch als Hilfsarbeiter angesehen.

Eine Frau, die es nur gut meint, die ungeliebte Aufgaben übernimmt, erwirbt sich damit nicht die Anerkennung, auf die sie insgeheim hofft, sondern im Gegenteil recht bald das Image, die Position, die Anerkennung und den Status einer besseren Hilfskraft. Eben nicht tough enough fürs Business, nicht durchsetzungsfähig, für die wirklich wichtigen Dinge im Job nicht zu gebrauchen, aber gut genug für Nebensächlichkeiten – das ist der Eindruck, den die Kerls gewinnen! Wer dauernd Hilfsarbeiten leistet, dem traut keiner mehr was Größeres zu.

Viele Frauen sind sich nicht bewusst, dass sie mit ihren kleinen Gefälligkeiten eine berufliche und soziale Abwärtsspirale in Gang setzen.

 Neulich rief der Abteilungsleiter zu Hause bei Nadine an – nachts um halb zwölf! »Können Sie mir mal eben sagen, wann der Auftrag Müller bei uns reinkam? Ich sitze hier mit dem Produktionsleiter beim Bier und wir diskutieren die Auftragsverweildauern.« Nadine kochte vor Wut (sagte aber nichts), weil sie der unverschämte Anruf des Chefs aus dem ersten Tiefschlaf gerissen hatte.

Hat Nadines Chef eine Meise? Nein, Nadine hat in der Vergangenheit einfach zu oft Ja gesagt. Eben weil sie das tat, bekam der Chef den Eindruck, dass man »Nadine, die treue Seele« gut und gern auch um Mitternacht noch aus dem Bett klingeln kann.

Wer zu oft Ja sagt, wird immer gnadenloser ausgenutzt, degradiert sich quasi zum Schuhabstreifer für jeden. Die Leute glauben mit der Zeit, dass die notorische Jasagerin zu allem und jedem Ja sagt. Und je länger man ausgenutzt wird, desto schwerer fällt es, irgendwann doch Nein zu sagen. Ein Teufelskreis, der oft genug auf dem beruflichen Abstellgleis, in der chronischen Überlastung oder dem

Wer zu oft Ja sagt, degradiert sich zum Schuhabstreifer

Burnout endet. Ganz zu schweigen davon, dass der Spaß bei der Arbeit flöten geht, wenn frau ständig Aufgaben übernimmt, die sie eigentlich nicht machen möchte.

Das Traurige daran: Viele Frauen bemerken gar nicht, was da abläuft. Sie glauben, dass sich »irgendjemand« eben um diese ungeliebten Aufgaben kümmern muss, dass es schon seine Richtigkeit hat, dass man die lieben Kollegen oder den Chef nicht hängen lassen darf, dass man seinen Job nicht mit Neinsagen riskieren sollte. Bei solchen selbstschädigenden Glaubenssätzen im Hinterkopf hilft meist nur noch ein intensives Coaching von Frau zu Frau. Auf der anderen Seite erlebe ich in meinen Seminaren jede Menge Frauen, die das Problem sowohl beruflich wie privat erkannt haben und sagen: »Ich möchte endlich Neinsagen lernen! Wie geht das?« Gute Frage. Bemühen wir uns gemeinsam um eine pragmatische Antwort.

Neinsagen lernen

Viele Frauen wissen ganz genau, dass sie öfter Nein sagen sollten. Warum tun sie es nicht? Weil ihr Harmoniebedürfnis sie zurückhält. Sie möchten sich nicht unbeliebt machen, nicht als zickig gelten, andere nicht brüskieren. Sie übersehen dabei:

> Es gibt keinen Widerspruch zwischen Harmonie und einem Nein. Frau kann auch Nein sagen *und* die Harmonie wahren.

Harmonie ist genau genommen völlig unabhängig davon, ob Sie Ja oder Nein sagen. Es kommt allein auf die Formulierung an: Der Ton macht die Musik. Wenn Sie schroff, brüsk, vorwurfsvoll, unbegründet oder rücksichtslos Nein sagen, dann stört das die Harmonie. Aber wer sagt denn, dass Sie rücksichtslos sein sollen?

Wo es doch so viele Alternativen gibt, charmant und freundlich Nein zu sagen.

 Ihr Nein kann die Harmonie gar nicht stören – solange Sie freundlich und bestimmt bleiben.

14 Arten, charmant Nein zu sagen

1. Wenn Sie Nein sagen, sagen Sie charmant Nein. Die Beziehungsebene ist in der Kommunikation wichtiger als die Sachebene. Das heißt: Ihr Charme (Beziehungsebene) wirkt stärker als Ihr Nein (Sachebene). Der Bittsteller bekommt zwar einen Korb, fühlt sich aber von Ihnen gut behandelt. Die Harmonie bleibt gewahrt. Also zum Beispiel nicht: »Nein, Michael, das kann ich nun wirklich nicht auch noch übernehmen!«, sondern mit einem charmanten Lächeln: »Michael, du weißt, dass ich fast alles für dich mache – aber gerade geht es wirklich nicht. Tut mir leid.«

2. Sagen Sie freundlich Nein und bleiben Sie vor allem freundlich, wenn Sie Nein gesagt haben. Viele Bittsteller reagieren auf ein Nein unfreundlich. Wenn Sie sich nicht davon anstecken lassen und weiter freundlich bleiben, stellen Sie mühelos die Harmonie wieder her. Das nennt man emotionales Pacing (Vormachen, locker übersetzt). Probieren Sie es aus, es wirkt. Sie werden dabei entdecken:

 Sie müssen gar nicht Ja sagen, um die Harmonie zu wahren – Freundlichkeit ist viel besser geeignet, Harmonie zu wahren!

3. Wenn Sie Nein sagen, sagen Sie nie als erstes Nein. Das – und nicht das Nein an sich – empfindet der Bittsteller nämlich als schroff. Also nicht: »Nein, dafür habe ich jetzt keine Zeit!«, sondern zum Beispiel: »Stimmt, das Protokoll muss unbedingt

auch noch geschrieben werden. Leider habe ich gerade keine Zeit dafür.«

4. Wenn Sie Nein sagen, können Sie auch zuerst im Konjunktiv Ja sagen. Beispielsweise: »Ich würde das wirklich gern für dich erledigen. Ich bin nur gerade selbst derart unter Termindruck.« Daran erkennt der Bittsteller: Sie lehnen nicht ihn ab, sondern lediglich seine Bitte. Das ist übrigens eines der Geheimnisse harmonieverträglichen Neinsagens:

 Wenn Sie nur die Bitte und nicht die Person ablehnen, wird Ihnen kein Bittsteller der Welt böse sein.

5. Setzen Sie sich zum Bittsteller ins Boot: »Du bist grad voll im Stress, nicht? So geht's mir im Moment auch – leider. Sonst würde ich dir wirklich gern ...«

6. Begründen Sie Ihre Ablehnung. Das hilft dem Bittsteller, die Ablehnung zu verstehen. Vermeiden Sie schlechte, nicht nachvollziehbare Begründungen wie »Ich hab genug anderes zu tun!«. Eine gute Begründung ist (aus Sicht des Bittstellers!) nachvollziehbar, beispielsweise: »Der Chef will meinen Bericht schon morgen und ich habe noch nicht mal die nötigen Zahlen beisammen!«

7. Sie dürfen eine Bitte auch mit einer vorgeschobenen Begründung ablehnen, sofern diese nachvollziehbar ist. Den eben vorgebrachten Bericht zum Beispiel haben Sie schon lang getippt – Sie möchten bloß nicht für den Bittsteller die Kartoffeln aus dem Feuer holen. Das können Sie ihm aber nicht sagen, also schieben Sie ruhig den Bericht vor.

8. Sagen Sie zu, aber verschieben Sie: »Gern erledige ich das für Sie, sobald ich mein Budget komplett habe. Reicht es morgen noch?« Sie werden überrascht sein, wie viele Bittsteller plötzlich die Bitte zurückziehen. War wohl doch nicht so wichtig. Und dafür hätten Sie sich geopfert?

9. Wenn Ihr Selbstbewusstsein bereits etwas stärker ist, können Sie die Bitte ablehnen, indem Sie die Eigenkompetenz des Bittstellers, die dieser taktisch ausblendet, wieder einblenden: »Sie wollen mir doch nicht ernsthaft weismachen, dass Sie das nicht gut und gerne auch allein hinkriegen? Sie geben doch sonst nicht so schnell auf!«

10. Wenn es Ihnen trotz allem noch schwer fällt, Nein zu sagen, fragen Sie sich bei einer Bitte doch erst einmal, was sie Sie kosten wird. Meist kostet sie wertvolle Zeit, Stress, Mehraufwand und die Vernachlässigung der eigenen Aufgaben und Interessen. Mit der bewussten Erinnerung an die eigenen Kosten und die Vernachlässigung der eigenen Ziele und Wünsche kommt auch der Mut, öfter Nein zu sagen.

11. Wenn Sie sich trotz dieser Kostenabwägung noch nicht getrauen, Nein zu sagen, dann versuchen Sie wenigstens, einen Teil Ihrer Kosten zu decken: »Ich werde das noch diese Woche für Sie erledigen – wenn ich dafür am Donnerstag um 16 Uhr hier raus kann. Sonst sehe ich meine Familie nämlich diese Woche nur noch nachts.« Seien Sie bereit, über Ihre Wünsche zu verhandeln. Das ist übrigens ein gutes Selbstbehauptungstraining.

12. Wenn Sie nicht Nein sagen können, bieten Sie einen Deal an: »Ich mache die Grafiken für Ihre Präsentation, wenn Sie mir die Deckungsbeitragsstaffeln für meine Produktreihe aufstellen.« Männer akzeptieren solche Deals. Vielleicht möchten sie noch ein wenig verhandeln – doch den Deal als solchen akzeptieren sie. Wenn nicht, dann sind Sie fein raus: Nicht Sie müssen Nein sagen, sondern der Bittsteller sagt Nein, indem er den Deal ablehnt.

13. Wenn Sie das Gefühl haben, dass die ersten zwölf Arten, Nein zu sagen, etwas umständlich sind, dann beglückwünsche ich Sie zu Ihrem starken Selbstbewusstsein. Sie lieben es direkt, also sagen Sie es direkt: »Danke, dass Sie mich fragen, Herr Müller. Leider kann ich es im Moment selbst beim besten Willen nicht einrichten. Ich muss Termine halten. Ein andermal gern.« Wenn Sie dazu freundlich lächeln, wird das Gegenteil

von dem passieren, was rhetorisch ungeschulte Frauen fürchten: Der Mann wird nicht böse auf Sie sein, sondern insgeheim Ihre Zielstrebigkeit und Ihren Charme bewundern – auch wenn er zuerst eine Schnute zieht, weil seine Bitte abgelehnt wurde. Aber: Lächeln müssen Sie dabei! Viele toughe Business-Ladys vergessen das, weil sie bereits männlich sozialisiert sind, und handeln sich damit den Ruf der gefühllosen Megäre ein.

14. Übernehmen Sie nur einen Teil der Bitte, zum Beispiel: »Ich kann Sie mit den Basisdaten versorgen, doch für eine grafische Aufbereitung fehlt mir einfach die Zeit.« Solange Sie sich noch nicht trauen, direkt und komplett Nein zu sagen, empfehle ich zu Zwecken der Übung und der Steigerung Ihres Selbstbewusstseins, generell bei allen Bitten so zu verfahren – selbst wenn Sie die Bitte gut und gern komplett erledigen könnten.

Vorsicht, Wiederholungstäter!

Frauen lassen sich breitschlagen

Für Männer ist es eine Tatsache, dass Frauen sich breitschlagen lassen. Schon pubertierende Jungs lernen: Wenn ein Mädchen Nein sagt, hat das nichts zu bedeuten, denn: Frauen wollen erobert werden. Frauen muss man beackern, bis mann sie rumkriegt. Frauen sagen Nein, aber »meinen das nicht so«. Frauen sagen Nein und meinen Ja. Diese chauvinistische Volksverdummung kennen wir alle. Wir vergessen sie leider, wenn wir Nein sagen.

 Tipp Wenn Sie Nein sagen, gehen Sie davon aus, dass ein Mann das erst mal nicht versteht.

Er wird insistieren, Sie zu überreden, rumzukriegen versuchen. Warum? Weil er ein unverschämter Macho ist, der gern hilflose Frauen übern Tisch zieht? Nein, weil es selbst im 21. Jahrhundert für einen Mann unvorstellbar ist, dass eine Frau Nein sagt und auch tatsächlich Nein meinen könnte. Für Männer ist es inzwischen

vorstellbar, dass Frauen ins All fliegen, Triathlons absolvieren und Paris – Dakar gewinnen. Dass eine Frau aber Nein sagt und das auch meint, sind sie schlicht nicht gewohnt. Woher auch? Wenn wir das Wort so selten gebrauchen!

Was also tun, wenn der Mann Ihr erstes Nein nicht akzeptiert, so charmant Sie es auch vorbringen? Ganz einfach: Hartnäckig bleiben, weiter charmant lächeln und weiter Nein sagen. Auf einem T-Shirt einer Amerikanerin sah ich jüngst den etwas krassen Spruch: »Say No until your tongue bleeds!« – Sag nein, bis die Lippe schwillt! Klingt einfach, wird aber in der Regel nicht gemacht. Viele Frauen versuchen stattdessen einigermaßen verkrampft, gegenüber dem Mann ihr Nein zu rechtfertigen. »Du musst das verstehen, ich habe gerade so viel um die Ohren.« Das geht nach hinten los, weil der Mann den Eindruck kriegt: »Sie ist sich nicht sicher. Ich kann sie doch noch rumkriegen!«

Rechtfertigen Sie Ihr Nein nicht, entschuldigen Sie es nicht, suchen Sie nicht weiter nach Begründungen – das schwächt nur Ihre Position und reizt den Mann, nachzusetzen. Denn ein schwaches Wild jagt man erst recht! Wiederholen Sie stattdessen Ihr Nein freundlich lächelnd. Sie können es durchaus wortwörtlich wiederholen. Nach der dritten oder vierten Wiederholung fällt der Groschen dann bei jedem Mann: »Die lässt sich wirklich nicht rumkriegen!« Auch wenn Ihre Mundwinkel danach schmerzen. Das schmerzt viel weniger, als eine Arbeit zu übernehmen, die Sie eigentlich nicht übernehmen möchten.

Männer lassen Frauen für sich arbeiten

Männer stehen zwar im Ruf, die Gründer der Zivilisation, die mutigen Pioniere zu sein, die nur mit einem Taschenmesser und einem Bindfaden bewaffnet in den Dschungel ziehen und innerhalb einer Woche eine komplette Shopping Mall aus Ästen und Lianen bauen. Doch das ist lediglich ein chauvinistischer Allmachtsmythos, den jede Hausfrau entlarven kann, die schon mal erlebt hat, wie arbeitsscheu und ahnungslos sich Männer im Haushalt anstellen.

Say No until your tongue bleeds!

Der chauvinistische Alltagsmythos

Das Erfolgsgeheimnis des Mannes ist schlicht und archaisch kapitalistisch: Männer arbeiten nicht wirklich. Männer lassen arbeiten. Entweder andere, untergebene Männer oder eben Frauen, Maschinen und Tiere – in dieser Reihenfolge.

Ganz früh in der menschlichen Entwicklungsgeschichte machten Männer das unter Androhung von körperlicher Gewalt oder gesellschaftlicher Ächtung. In Ländern, in denen Frauen noch unterdrückt werden, ist das bis heute der Fall. In unseren Breiten darf eine Frau nicht mehr geschlagen oder öffentlich gedemütigt werden, wenn sie nicht tut, was der Mann ihr sagt. Deshalb leisten Männer nicht *mehr* Arbeit! Sie haben lediglich feinere Techniken entwickelt, um Frauen für sich arbeiten zu lassen. Eine der feinsten Techniken ist die Abseil-Rhetorik.

Die Abseiltechnik Schon der Terminus technicus ist für Frauenohren erklärungsbedürftig: Wenn ein Mann zum Beispiel sagt, dass ein Kunde gerade etwas von ihm wollte, er sich jedoch noch rechtzeitig abseilen konnte, meint er damit, dass er sich kunstvoll vor der drohenden Arbeit drücken konnte. Er ist also kein Drückeberger, sondern ein alpiner Abseil-Heros, der den bewundernden Schulterklaps seiner Artgenossen erntet.

Wenn Sie Nein sagen, müssen Sie damit rechnen, dass Männer diese Abseil-Rhetorik gegen Sie auffahren. Da Männer insgeheim fürchten, dass Frauen doch einmal Nein sagen könnten – es ist ja schließlich nicht normal, dass die Alte aber auch wirklich alles mit sich machen lässt –, wenden sie die Abseil-Rhetorik bereits prophylaktisch an, damit Sie überhaupt nicht auf die Idee kommen, Nein zu sagen.

Männer seilen sich ab

❏   »Ach Frau Müller, schreiben Sie doch wieder das Protokoll. Sie machen das so gut!«

❏   »Du kennst dich doch mit so was aus. Kannst du das nicht schnell für mich machen?«

❏   »Ich kapier das einfach nicht. Sie haben doch Erfahrung mit so was.«

Männer fürchten insgeheim, dass Frauen Nein sagen könnten. Deshalb bringen sie Blumen und Pralinen. Nicht weil sie Frauen wertschätzen, sondern weil sie mithilfe dieser Trojanischen Pferde die Abwehr lahmlegen wollen. Schwache Männer fürchten nichts mehr als eine starke Frau. Also versuchen sie, ihr Nein damit zu verhindern, dass sie mit Lob ködern (»Sie machen das so gut!«), sich einschleimen oder sich einfach dumm stellen. Die (vorgeschobene) Dummheit des Mannes kennt dabei fast keine Grenzen.

 Aktenkundig ist der Fall eines Junior-Managers, der aus der Kaffeeküche herausstürmte und brüllte: »Julia, wo zum Teufel sind die Untertassen? Du räumst doch immer auf. Hol uns mal fünf Gedecke für den Sitzungssaal.« Julia saß nur sprachlos da und wusste nicht, ob sie lachen oder heulen sollte: Eben weil die lieben Kollegen sich ständig von der Küchenarbeit abseilten, in der Küche aber regelmäßig eine Riesensauerei anrichteten, hatten die Frauen im Büro alle Schränke mit 14 Zentimeter hohen Leuchtlettern beklebt: Tassen, Untertassen, Teller, Besteck, Kaffeefilter … Der Junior-Brüllhirsch sah die Etiketten jedoch noch nicht mal, weil für ihn schon beim Betreten der Küche völlig klar war, dass er diese leidige Arbeit natürlich einer Bürotussie delegieren würde.

Die Geschichte nahm noch ein gutes Ende. Julia trug die fünf Gedecke ins Sitzungszimmer, stellte sich hinter den Brüllhirsch und klebte ihm unter dem Gelächter der Kollegen das Etikett »Untertassen« auf die Stirn, das sie vom Geschirrschrank abgezogen hatte. Seither hat der Kollege sich nie wieder bedienen lassen. Julias Art, Nein zu sagen, war mit Sicherheit sehr kreativ und selbstbewusst.

Tipp   Erkennen Sie Köder!

Die meisten Frauen tun das ohnehin. Wenn ein Mann, der sonst nach dem Motto kommuniziert »Nicht geschimpft ist gelobt genug!« plötzlich Süßholz raspelt, dann fragt frau sich doch unwillkürlich: »Was will der jetzt von mir?« Die Aufgabe liegt dann nur noch darin, eine freundliche Absage zu formulieren.

Die Masche	Die Bitte	Das Nein
Manipulatives Lob	»Ach bitte, machen Sie doch ... Sie machen das so gut!«	»Danke für die Blumen. Ich denke, es ist nur fair, wenn das jetzt mal ein Kollege macht.«
Unterstellte Kompetenz	»Du kennst dich doch mit so was aus.«	»Stimmt. Deshalb weiß ich auch: Du musst dafür nur dies und das tun.«
Vorgeschützte Unwissenheit	»Ich habe keine Ahnung, wie das geht.«	»Dann sage ich es dir rasch, damit du es machen kannst.«
Gespielte Hilflosigkeit	»Aber das habe ich noch nie gemacht!«	»Dann wird es höchste Zeit!«
Mitleidsmasche	»Der Kunde braucht Sie jetzt!«	»Der Kunde braucht einen Bescheid – also geben Sie ihm einfach einen!«

Sie finden, dass man in diesem Ton auch zu einem Kind redet? Gut erkannt. Wenn Männer sich doof oder hilflos stellen, dann regredieren sie psychologisch betrachtet wirklich ins Kindesalter. Des-

halb ist es nur angemessen, sie wie Kinder zu behandeln. Das Prinzip ist dabei immer dasselbe:

 Tipp Männer, die sich dumm, freundlich oder hilflos stellen, weil sie etwas von Ihnen wollen, blenden einen Teil der Realität aus. Um wirksam Nein zu sagen, blenden Sie diesen Teil lediglich wieder ein.

Wer zum Beispiel meint, dass Sie das Protokoll schreiben sollen, weil Sie das so gut können, blendet aus, dass es andere Kollegen genauso gut können (weil Protokollschreiben nicht Hirnchirurgie ist) und dass es unfair ist, dass es immer nur Sie trifft.

Die Emanzipation vom Ja

Um die Männer in Schutz zu nehmen: Wenn der Haussklave nach Jahren des Jasagens plötzlich Nein sagt, trifft das jeden Sklavenhalter hart. Männer können damit nicht umgehen, weil es objektiv betrachtet auch unfair ist: Sie befinden sich oft seit Jahren in einer Abhängigkeit von ihren weiblichen Sklaven, können tatsächlich nicht kochen, bügeln, die Ablage machen oder vernünftig mit einem beleidigten Kunden reden. Das heißt jedoch nicht, dass Sie aus Erbarmen mit dem armen, hilflosen Mann weiter Ja sagen sollen. Das heißt vielmehr, dass Sie ihm die Befreiung aus seiner selbst gewählten Abhängigkeit etwas erleichtern sollten: »Okay, ich sehe ein, dass Sie damit im Moment wirklich überfordert sind. Ich mache das also noch ein letztes Mal und lasse Sie dabei über die Schulter schauen. Aber danach machen Sie das künftig selbst.« Klingt hart? Absolut. Aber vielleicht kennen Sie das amerikanische Sprichwort: You gotta be cruel to be kind. Manchmal muss man hart sein, um einem Menschen wirklich zu helfen. Das deutsche Äquivalent lautet: Wenn einer hungert, gib ihm keinen Fisch, sondern eine Angel. Wer den Hunger mit Fischen stillt, hält den Hungernden ein Leben lang in Abhängigkeit und Hilflosigkeit.

Manchmal müssen Sie hart sein!

Dieses Sprichwort ist den Hungernden der Welt bestens bekannt. Wenn Sie einen Mann zur Eigenständigkeit erziehen, mault er zwar anfänglich, doch hinterher wird er Ihnen dankbar sein. Er wird vor allen Dingen Respekt vor Ihnen bekommen und Sie nicht länger als billige Haussklavin betrachten.

Und ganz wichtig: Wenn Sie gesagt haben, dass Sie den Blödjob nur noch ein letztes Mal übernehmen, dann müssen Sie das auch wirklich durchziehen. Wenn Sie sich danach doch wieder rumkriegen lassen, werden Sie Ihre Sklaventoga nie wieder los. Dann sind Sie bei den Männern nur noch bekannt als »die Tussie, die's doch immer wieder mit sich machen lässt«.

Wissen Sie, was Sie wollen?

Die meisten Frauen empfinden ihren Ja-Reflex als lästig und selbstschädigend. Deshalb notieren viele die Muster-Verneinungen, die Sie eben kennengelernt haben, im Seminar eifrig mit und nehmen sich vor, sie beim nächsten Mal auch auszusprechen. Tun sie's wirklich? Das hängt von einer erstaunlichen Bedingung ab:

 Nein zu sagen fällt niemand (auch Männern nicht) leicht. Es kostet immer etwas Kraft. Diese Kraft bringen Sie dann auf, wenn Sie wissen, was Sie wollen.

Das ist hinter dem Harmoniewunsch der eigentliche Grund des lästigen Jasagens: Wenn eine Frau wirklich weiß, was sie will, welches ihre mittelbaren und unmittelbaren Ziele sind, wird sie auch den Mut und die Kraft aufbringen, zu einer Bitte Nein zu sagen, die sie von diesen Zielen und Wünschen abbringt – oder eine Gegenleistung dafür vorzuschlagen, die sie ihren Wünschen und Zielen wieder näher bringt. Woraus sich die Frage erhebt: Wissen Sie, was Sie wollen? Wie konkret wissen Sie das? Je konkreter Sie es wissen, desto mehr Kraft haben Sie zum Neinsagen.

Viele Frauen wissen nur zu gut, was sie *nicht* wollen. Zum Beispiel ständig für andere Kaffee kochen, Ablage machen, Fehler ausbügeln und Kunden vertrösten. Doch dieses Wissen reicht nicht zum Neinsagen, weil es nicht genug Kraft gibt. Was möchten Sie *stattdessen*? Gehen Sie in sich und suchen Sie nach Ihren Wünschen, Motiven und Zielen. Sie werden sofort merken, wenn Sie diese entdecken: Eine mächtige Kraft steigt im Innern auf. Diese Energie gibt Ihnen die Kraft, freundlich Nein zu sagen.

Frauen wissen, was sie nicht ständig tun wollen

 Tipp   Wünsche sind Kraftquellen. Nutzen Sie sie.

Und nun die Überraschung: Männer finden es nicht zickig, arrogant oder hartherzig, wenn Frauen eine Gegenleistung fordern. Im Gegenteil! Männer finden das ganz selbstverständlich, weil sie ohnehin nie verstanden haben, warum Frauen so oft Ja sagen. Sie akzeptieren das nicht nur, sie lernen darüber hinaus sehr schnell. Neulich hörte ich, wie ein Produktmanager zu einem Kollegen über die Teamchefin sagte: »Komm ihr bloß nicht damit, dass sie die Konzeption für dich schreiben soll – es sei denn, du nimmst ihr ein paar Kaltanrufe ab. Die hasst sie nämlich wie die Pest.«

Den Ja-Reflex abschalten

Das Blöde am Ja-Reflex ist, dass er wie der Kniesehnenreflex gänzlich unbewusst wirkt. Jemand trägt uns eine Aufgabe an, wir fühlen uns eigentlich nicht ganz wohl dabei – aber schon hören wir uns selbst Ja sagen. Hinterher machen wir uns dann Vorwürfe oder fassen es nicht, dass wir uns immer wieder von denselben Pappenheimern (Kollegen, Chefs, Mitarbeitern, Beziehungspartnern, Müttern, Kindern, Verwandten ...) breitschlagen lassen.

 Tipp   Machen Sie sich das Unbewusste bewusst. Dann kann es Sie nicht mehr sabotieren.

**Was wollen Sie
wirklich?**

Wie? Indem Sie achtsam kommunizieren. Achtsamkeit schützt vor Selbstsabotage. Spüren Sie kurz in sich hinein, bevor Sie zu- oder absagen. Das dauert nach einer kurzen Anlaufzeit nur Bruchteile einer Sekunde. Diese Achtsamkeit schützt Sie auch vor dem anderen Extrem, nämlich künftig sämtliche Bitten von Männern abzulehnen, bloß weil Sie es ihnen beweisen wollen.

Spüren Sie in sich hinein und prüfen Sie, was Sie wirklich wollen (s.o.). Manchmal ist es nämlich einfach schön, gebraucht zu werden, anderen nützlich zu sein. Wenn Sie dieses Gefühl haben, dann nur zu, sagen Sie Ja. Doch wenn Ihnen der Sinn einfach nicht danach steht, schon wieder ausgenutzt zu werden und dann nicht die gebührende Anerkennung oder eine adäquate Gegenleistung zu bekommen – dann sagen Sie Nein, wie Sie es auf den zurückliegenden Seiten (kennen)gelernt haben. Sie werden sich wohler dabei fühlen, eigenständiger, selbstbewusster, stärker. Und Sie werden ganz anders respektiert und anerkannt werden. Frauen, die zu allem Ja und Amen sagen, findet man ganz nett. Frauen, die auch mal charmant Nein sagen können, werden dagegen respektiert.

6   Stehen Sie zu Ihren Stärken!

Frauen sind stark – immer dann,
wenn sie sich an ihre Stärken erinnern.
Ruth Gordon

Die Testosteron-Rhetorik

Nach den vorangegangenen Kapiteln könnten Sie den Eindruck gewonnen haben, dass Frauen am Arbeitsplatz rhetorisch alles falsch machen, was frau falsch machen kann. Der Eindruck trügt. Frauen verfügen über eine beziehungsverträgliche, freundliche, stilistisch elegante, ausgereifte, reichhaltige, oftmals hoch gebildete, metaphernreiche, warmherzige, emotionale, schonende, vorwurfsfreie und charmante Rhetorik. Leider fällt diese wunderbare Rhetorik in der Regel dem Chamäleon-Effekt zum Opfer, wie empirische Studien zeigen:

 Frauen in Männerdomänen übernehmen häufig den männlichen Sprachstil.

Das heißt, sie reden binnen kürzester Zeit fast genauso grob, roh, beziehungsindolent, kalt, vorwurfsvoll, emotionsfrei und barsch wie die Männer, die sie umgeben. Man nennt das auch den Assimilationseffekt; der weibliche Stil wird quasi von der männlichen Sprachhärte verschluckt. Diese Anpassung passiert nicht absichtlich, sondern unbewusst. Wenn frau tagein, tagaus nichts anderes hört, übernimmt sie einfach automatisch, ohne das zu

wollen oder bewusst zu registrieren, immer mehr rhetorische Elemente von Männern.

Was Ihnen entgeht, wenn Sie wie ein Mann reden

Die meisten Frauen bemerken die Anpassung an die vorherrschende Testosteron-Rhetorik nicht. Deshalb bemerken sie auch nicht, dass sie sich dabei ihrer weiblichen rhetorischen Stärken begeben. Mit allen negativen Folgen:

Die negativen Folgen der Testosteron-Rhetorik

- ❏ Wer unbewusst wie ein Mann redet, verzichtet auf die Wirkung und die Vorteile der weiblichen Rhetorik.
- ❏ Mit der Testosteron-Rhetorik wirken Frauen unweiblich, hart, unfreiwillig komisch, unglaubhaft und zickig.
- ❏ Sie entwickeln psychosomatische und seelische Probleme, weil Frauen entgegen der landläufigen (männlichen) Meinung den männlichen Sprachstil auch nach Jahren des Gebrauchs nicht vertragen. Frauen sind nun mal keine Männer. Die typisch männlichen Verbalgrobheiten sind gesundheitlich unbedenklich nur für jene Exemplare der Spezies, die ausreichend Testosteron im Blut haben.
- ❏ Frauen mit männlichem Sprachstil wirken unfreiwillig komisch oder xanthippenhaft. Warum? Weil ihre Zuhörer (Frauen wie Männer) instinktiv merken, dass der männliche Sprachstil nicht wirklich zur Frau passt.

 Tipp Verzichten Sie bloß nicht auf Ihren eigenen Stil. Erinnern Sie sich in einer derb artikulierenden Männerwelt aktiv an Ihre rhetorischen Stärken, setzen Sie diese immer wieder ganz bewusst ein und genießen Sie deren wunderbare Wirkung.

Woran Sie sich erinnern sollten, das betrachten wir jetzt.

Frauen reden einfach besser

Es gibt eine Menge Studien zum Sprachverhalten der Geschlechter. Für die Forschung steht inzwischen unzweifelhaft fest:

- ❏ Frauen haben in der Regel einen größeren Wortschatz als Männer; manchmal bis zum Faktor 10.
- ❏ Frauen reden mehr als Männer. Das wird ihnen männlicherseits oft und gern als Klatschsucht vorgeworfen, ist letztendlich jedoch nichts anderes als projizierter Neid: Weil Frauen mehr reden als Männer, haben sie einfach auch mehr Übung darin. Auch deshalb haben viele Männer eine Heidenangst, vor anderen frei zu reden: Mann kann nicht, was mann nie geübt hat.
- ❏ Frauen achten mehr darauf, was sie und wie sie es sagen, wie es beim anderen ankommt. Männer artikulieren eher nach dem Motto »Elefant im Porzellanladen« oder »Hoppla, so habe ich das doch nicht gemeint!«. Deshalb ist es Ehefrauen oft so peinlich, wenn der Göttergatte in Gesellschaft den Mund aufmacht: »Mit dir blamiert man sich doch überall!«

Daran sollten Sie sich erinnern

- ❏ Frauen gelten gemeinhin als sprachbegabter, was sich sogar medizinisch nachweisen lässt: Frauen aktivieren beim Sprechen mehr Hirnregionen als Männer.
- ❏ Frauen können Gefühle anderer empathisch wahrnehmen, sie verstehen und sie mit ihren Worten positiv beeinflussen. Männer sind, überspitzt gesagt, kommunikative Analphabeten (sie artikulieren weder eigene Gefühle noch können sie über Gefühle anderer reden).
- ❏ Frauen können charmant artikulieren. Männer können das so wenig, dass das Adjektiv »charmant« im Zusammenhang mit Männern so gut wie nie gebraucht wird. Der einzige deutsche Mann, der charmant reden konnte, war Johannes Heesters ...
- ❏ In vielen Branchen wird die rhetorische Überlegenheit der Frau bereits genutzt: Am Empfang oder im Kundenkontakt von Agenturen sind Frauen nicht nur deshalb in der Überzahl, weil

sie gut aussehen. Call-Center-Agenten sind meist -Agentinnen, weil sie die bessere Telefonstimme haben. Und wenn in der Consulting-Branche arrogante Jungberater einen Kunden ver-ärgert haben, schickt man wie selbstverständlich eine Frau los, um den Kunden wieder ins Boot zu holen – weil Frauen beziehungsorientiert kommunizieren können. Männer können das nicht nur nicht, viele verabscheuen es sogar.

Es gibt noch eine Menge anderer Studienergebnisse, die alle zu dem Schluss führen: Frauen können besser kommunizieren als Männer. Trotzdem werden sie von Männern verbal ständig untergebuttert und machen auch von sich aus viel weniger oft den Mund auf – selbst dann, wenn sie viel mehr zu sagen haben als jeder Mann. Warum?

Eine Frage des Selbstbewusstseins

Männer reden grob und derb. Frauen reden viel eleganter und beziehungsfreundlicher. Was denkt jedoch eine Frau, wenn sie so einen verbalen Grobmotoriker hört? »Meine Güte, der weiß aber Bescheid!«, »Ach, so gut kenne ich mich da auch nicht aus.«, »Der weiß das viel besser als ich.«, »Wenn er das sagt, wird es schon stimmen.«

Frauen reden besser als Männer. Das erlebe ich jedes Mal im Präsentationstraining. Die Präsentationen der männlichen Teilneh-mer sind ordentlich, gut strukturiert und informativ. Die Präsenta-tionen der Teilnehmerinnen dagegen sind – und das sagen Frauen wie Männer – unterhaltsam, spannend, kurzweilig *und* informativ und fundiert. Trotzdem stellen Frauen ihr rhetorisches Licht unter den Scheffel, sobald ein Mann sein ungehobeltes Mundwerk auftut. Der Neid muss es den Männern lassen: Mit minimalem rhetori-schem Talent erreichen sie ein Maximum.

 Lassen Sie sich nicht länger von der männlichen rhetori-schen Schmalkost blenden.

Machen Sie es wie beim Einkaufen: Vergleichen Sie doch mal die Angebote. Hören Sie Männern beim Reden zu und fragen Sie sich dann: Wie hätte ich denselben Inhalt formuliert? Sie werden in neun von zehn Fällen eine bessere Formulierung finden – und das auf Anhieb, aus dem Ärmel geschüttelt sozusagen. Sinn dieser Übung, die Sie sich bitte zur Gewohnheit machen:

 Sind Sie eine Frau? Dann sind Sie fast jedem Mann rhetorisch weit überlegen. Bitte vergessen Sie das nicht!

Frauen sind eloquenter, artikulierter, kommunikativer, sprachbegabter und rhetorisch geschickter als Männer. Denken Sie hin und wieder daran. Die Erinnerung daran stärkt Ihr Selbstvertrauen so, dass Sie sich öfters zu Wort melden und auch zu Ihren Worten stehen, sich nicht mehr so oft unterbuttern, ins Wort fallen oder zur Seite schieben lassen, immer öfter ihre Selbstzweifel überwinden und auch den Mund da aufmachen, wo Sie sich bislang nicht trauten. Denn Ihre rhetorische Brillanz nützt Ihnen und der Welt rein gar nichts, wenn Sie den Mund vor lauter Bescheidenheit nicht aufkriegen!

 Glauben Sie Forschern, Wissenschaftlern und mir: Sie reden besser als die meisten Kerls. Also machen Sie bitte viel öfter den Mund auf!

Frauen könnten viel besser reden als Männer, tun es jedoch im Beruf viel seltener. Wenn eine Frau aus Bescheidenheit den Mund hält, schadet das nicht nur ihr selbst, ihrem beruflichen Vorwärtskommen und ihrem Selbstwertgefühl, sondern auch der Umwelt: Eine kluge Meinung geht verloren.

 Die Welt wäre eine bessere, wenn Frauen öfter den Mund aufmachen würden.

Sir Peter Ustinov

Frauen reden besser, weil sie besser zuhören

Warum ist die weibliche Rhetorik besser als die männliche? Weil Frauen anders reden. Sie sprechen höflicher, feiner, gefälliger, dezenter, verbindlicher, freundlicher, charmanter, unterstützender, gruppenorientierter, weniger ego-getrieben oder prahlerisch. Kurz: Sie reden diplomatischer. Und mit Diplomatie erreicht man im Leben und in der Kommunikation einfach mehr.

Männer können eines nicht: zuhören

Studien zeigen immer wieder, dass in Unternehmen, die von Frauen geführt werden, dank der weiblichen Diplomatie das Arbeitsklima besser ist, die Menschen freundlicher miteinander umgehen, die Absenz niedriger und die Produktivität höher ist. Das liegt auch daran, dass Frauen besser zuhören können als Männer. Männer können fast alles. Sie bauen Raketen, führen Kriege und zeugen Kinder. Nur eines können sie nicht: zuhören. Und das weder bei Frauen noch bei Männern.

Auf Empfängen, bei Arbeitsessen und Kundenbesuchen zeigt sich immer wieder: Frauen können besser smalltalken als Männer. Nicht nur weil sie besser reden können – das können sie natürlich auch –, sondern weil sie vor allem besser zuhören können. Wenn Männer sich untereinander ihre Erfolgsstorys erzählen, dann hört kaum einer richtig zu. Jeder ist viel zu sehr damit beschäftigt, seine eigene Story anzubringen, um den anderen damit zu übertrumpfen. Bei Männern ist dieses Kompetitivverhalten ritualisiert. Sie können nicht anders. Kein Wunder, dass Männer viel lieber Frauen ihr Jägerlatein erzählen – die hören wenigstens zu und versuchen nicht, den Erzähler zu übertrumpfen!

 Am liebsten reden Menschen mit Menschen, die gut zuhören (können).

Aerobic Listening

Die Betonung liegt dabei auf »können«. Denn Zuhören ist eine Kunst (die Männer schlecht beherrschen). Auch deshalb sind Frauen im Verkauf oft erfolgreicher als Männer: Sie erfahren Dinge über ihre Kunden, die Männer nie erfahren, weil sie gar nicht so gut

und tief zuhören (können); die Amerikaner nennen das übrigens Aerobic Listening. Und je mehr eine Verkäuferin über einen Kunden weiß, desto besser kann sie ihn überzeugen. Männer glauben das Gegenteil: Je mehr sie über ein Produkt wissen, desto eher können sie Kunden überzeugen ...

Deshalb sind Frauen als Mediatorinnen und Coachs oft beliebter, gefragter und erfolgreicher als ihre Kollegen. Denn in diesen Berufen kommt es extrem darauf an, wie gut man zuhören kann.

Sie fühlen sich plötzlich viel besser? Sie wussten gar nicht, über welch großartige Talente Sie verfügen? Sie sind in den letzten fünf Minuten glatt zwei Zentimeter gewachsen? Dann hat sich dieser Abschnitt doch schon gelohnt ...

 Nicht wer besser redet, redet besser, sondern wer besser zuhört.

Übrigens: Natürlich gibt es auch einige Männer, die gut zuhören oder wirklich gut artikulieren können, die vorwurfsfrei und beziehungsfreundlich kommunizieren und nicht ständig auf den Gefühlen anderer herumtrampeln. Jede von uns kennt einige dieser seltenen Exemplare. Manche von uns haben sogar das Glück, mit einem zusammenzuleben. Über diese Prachtexemplare reden wir hier nicht. Denn sie sind die Ausnahme, nicht die Regel. Und abgesehen von diesen löblichen Ausnahmen gilt eben immer noch: Frauen reden besser als Männer.

Charme am Arbeitsplatz

Schauen Sie sich die Frauen in Ihrem Unternehmen einmal genauer an. Welche davon würden Sie als charmant bezeichnen? Nicht wahr, die Antwort fällt schwer? Denn wenn eine Frau im anthrazitfarbenen Nadelstreifenkostüm mit nach hinten gebundenen Haaren und einer goldgefassten Lesebrille im Meeting stumm ihr

Notebook bearbeitet, kann man nicht wirklich von Charmeentfaltung sprechen.

 Anders Bärbel. Sie lächelt ihre Kollegen hin und wieder freundlich an und scherzt auch gern mal mit den Jungs. Wenn sie Unterlagen für eine Präsentation braucht, muss sie nie lange nach Freiwilligen suchen. Die Jungs reißen sich gern ein Bein für sie aus. Warum? »Na, ist doch klar, die Bärbel ist doch immer so … , na eben so … « An dieser Stelle musste ich der auftretenden Artikulationsschwäche nachhelfen: »Charmant?« – »Ja, genau. Die Bärbel ist halt soo charmant.«

 Jede Frau kann charmant sein. Das ist ihr angeboren.

Doch die meisten trauen sich nicht, sich dieser unglaublich wirkungsvollen rhetorischen Stärke zu besinnen. Warum nicht? »Ja darf man das denn überhaupt am Arbeitsplatz?« ist noch die moderateste Frage dazu. An solchen Fragen erkennt man die Schwere des Chamäleon-Effekts: Wenn eine Frau glaubt, dass Gefühle, Charme, Lächeln, Scherze, Anteilnahme, Mitgefühl und andere typisch menschliche Tugenden am Arbeitsplatz nichts zu suchen haben, zeigt das lediglich, wie sehr sie bereits die Perspektive der Männer übernommen hat: Wenn die Arbeit möglichst unmenschlich sein soll, um als Arbeit zu gelten, dann muss man sich doch fragen, ob die Arbeitswelt noch richtig tickt …

 Seien Sie am Arbeitsplatz ruhig charmant.

Das dürfen Sie. Das nützt Ihnen. Und das mögen die Jungs vor allem sehr – eben weil sie es nicht selbst hinkriegen. Also tun Sie

sich und Ihrer Umwelt einen Dienst. Sie müssen sich dabei nicht auf den Kopf stellen. Seien Sie einfach so charmant, wie Sie das auch abseits der Arbeit sind – nicht mehr, aber auch nicht weniger. Auch deshalb sind Frauen im Vertrieb so erfolgreich: Charme verkauft!

Frauen können besser mit Menschen

Frauen kommunizieren besser, weil sie beziehungsorientiert kommunizieren (können). Sie spüren, wie ein Gesprächspartner gerade drauf ist, und können darauf eingehen (das nennt man Pacing). Das Schöne daran: Wir Frauen machen das ganz intuitiv und automatisch. Männer dagegen ignorieren die Beziehungsebene im Gespräch meist völlig – deshalb ist es ja auch so schwierig, überhaupt eine private Beziehung mit ihnen zu führen. Denn natürlich richten sich die Kommunikationsgesetze nicht nach den Männern:

Pacing

 Das Eisberg-Prinzip: Ein Siebtel der Kommunikationswirkung geht von der Inhaltsebene aus, sechs Siebtel werden von der Beziehungsebene beherrscht.

Wenn man bedenkt, dass Männer sechs Siebtel der Kommunikation regelmäßig ignorieren, wundert es einen manchmal sehr, dass sie sich überhaupt verständlich machen können ... Deshalb sind sie ja auch so begnadete Ingenieure und so bescheidene Beziehungspartner, Kundenberater, Verhandlungsführer, Teamkollegen oder Vorgesetzte. Sie klammern bei der Kommunikation ausgerechnet das aus, was einen Menschen ausmacht.

Besonders extrem wirkt das Eisberg-Prinzip im Verkauf: Dort verkaufen nur die »Beziehungsverkäufer« wirklich gut. Also jene Verkäufer, die hauptsächlich über Beziehungskompetenz und nicht über Fachkompetenz verkaufen. Wenn Sie jedoch einmal die Verkaufsliteratur querlesen, finden Sie hauptsächlich Verkaufs*techniken* wie AIDA, Pain Development, Auftragsklärung, Einwandbehandlung oder Empfehlungsmarketing. Dass die ganzen Tricks und Techniken überhaupt nicht wirken, wenn man keine funktionieren-

AIDA kontra beziehungsorientierter Verkauf

de Beziehung zum Kunden herstellen kann, wird meist verschwiegen. Beziehungsorientierter Verkauf ist kein Thema mehr in der Verkaufspraxis. Warum? Nun raten Sie mal. Weil die meisten Verkaufstrainer und -autoren natürlich Männer sind.

»So können Sie doch nicht mit einem Kunden reden!« Diesen Satz werden Sie selten einen Verkäufer oder Vorgesetzten sagen hören. Frauen im Verkauf sagen ihn ständig. Bei einem sogenannten Modelling untersuchte ein Konzern mit einer Verkaufsmannschaft von 270 Verkäuferinnen und Verkäufern, was seine Spitzenverkäufer besser können als der Rest – um dem Rest dieses Erfolgs-Know-how schnellstmöglich zu vermitteln. Die Ergebnisse waren viel zu uneinheitlich, um aussagefähig zu sein – bis auf einen Punkt: Alle Spitzenverkäufer konnten die Frage »Wie geht es Ihren zehn besten Kunden gerade?« auf Anhieb beantworten, während die Durchschnittsverkäufer antworteten: »Woher soll ich das wissen? Was geht mich das an?« Warum die Ignoranz? Weil sich Durchschnittsverkäufer nicht auf eine Beziehung mit ihren Kunden einlassen – deshalb verkaufen sie eben nur durchschnittlich.

 Beziehungsorientierung, Verständnis, Emotionalität, Empathie ... das sind typisch weibliche Stärken.

Erinnern Sie sich an diese Stärken! Vergessen Sie sie nicht – auch und gerade deshalb nicht, weil die Männer um Sie herum sie nicht praktizieren. Wer im Beruf auf diese typischen Stärken verzichtet, verzichtet auf die eigene Persönlichkeit und den eigenen Charakter. Ein ziemlich großes Opfer, finde ich. Und unnötig obendrein.

Warum sind Frauen beziehungsstärker als Männer?

Kunden, Klienten und Geschäftspartner reden meist lieber mit einer Frau – wenn es nicht gerade um Sperrdifferenziale oder anderen technischen Kram geht. Warum? Weil Frauen die besseren Kundenberater sind? Nein:

Frauen werden als die angenehmeren Gesprächspartner empfunden.

Weil sie kompetenter sind? Weil sie besser aussehen? Nein, weil man besser mit ihnen sprechen kann. Warum? Weil Männer glauben, dass in einem Gespräch nur die Sachebene wichtig ist. Das stimmt jedoch nicht. Denn Männer wie Frauen beurteilen den Erfolg eines Gesprächs nach dem Grad der dabei hergestellten Beziehungsqualität, das heißt: nach dem Rapport (gesprochen: rapoor).

Frauen kommunizieren einfach beziehungsverträglicher. Warum? Weil sie dank ihrer Gene, Sprachrituale, Entwicklungsgeschichte und Erziehung von Haus aus Achtung und Respekt für den Gesprächspartner mitbringen. Männer legen darauf wenig Wert. Viel wichtiger ist ihnen, es dem Gesprächspartner zu zeigen, ihm zu beweisen, dass sie Recht haben und besser sind als er. Das fördert die Beziehungsqualität nicht nur nicht, das untergräbt jeden Rapport. Einen Besserwisser, Oberlehrer, Übertrumpfer und notorischen Rechthaber mag keine(r) gern. Deshalb lautet das einhellige Urteil von Kunden und Geschäftspartnern über Männer meist: »Fachkompetent, aber unausstehlich.«

Ihre Achtung für den Gesprächspartner ermöglicht Frauen eine nicht-dirigistische Gesprächsführung. Männer dagegen führen Gespräche gern am kurzen Zügel, kommen sofort »auf den Punkt«, haben für »Gefühlsduseleien einfach keine Zeit«. Frauen entwickeln in Gesprächen Warmherzigkeit, echtes Interesse für den Gesprächspartner, Anteilnahme und zeigen ihm Akzeptanz. Sie können zuhören, ohne zu bewerten. Männer können oder wollen das alles nicht. Deshalb gelten Frauen als die angenehmeren Gesprächspartner – auch wenn sie das nicht wissen oder wahrhaben wollen. An dieser Stelle divergieren Selbst- und Fremdbild immens:

Frauen kommunizieren beziehungsverträglicher

 Männer sind die schlechteren Gesprächspartner, halten sich aber für die besseren. Frauen sind die besseren Gesprächspartner, halten sich jedoch für die schlechteren.

Was Sie von OTTO lernen können

Schlagen Sie doch einmal den OTTO-Katalog auf. Oder jeden anderen Katalog. Schauen Sie sich die weiblichen Models an und dann die männlichen. Was fällt Ihnen auf? Die weiblichen Models lächeln meist, die männlichen seltenst.

 Frauen lächeln im Alltag 30 bis 50 Mal häufiger als Männer.

Deshalb wirken Frauen sympathischer, ehrlicher, vertrauenswürdiger und glaubwürdiger, überzeugender. Deshalb erzählen Kunden und Klienten Frauen Dinge, die sie Männern nie im Leben erzählen würden. Die Briten haben ein passendes Sprichwort dafür: Women smile to please, men smile, when they are pleased. Frauen lächeln, um zu gefallen, Männer lächeln, wenn ihnen etwas gefällt.

Und nun raten Sie mal, was die meisten Frauen im Berufsleben mit diesem simplen und so wirksamen Mittel machen. Richtig, sie stellen es ab. Frauen im Beruf lächeln genauso wenig wie Männer. Zählt man das feixende Grinsen hinzu, das Männer aus Schadenfreude gern zeigen, dann lächeln Frauen sogar noch weniger als Männer. Warum tun sich Frauen das an? Warum berauben sie sich eines äußerst wirksamen körpersprachlichen Mittels? Weil sie der vorherrschenden testosteronen Kommunikationskultur aufgesessen sind und unwillkürlich glauben, dass Gefühle und vor allem Freundlichkeit am Arbeitsplatz tatsächlich nichts zu suchen haben. So weit ist es mit dem Kapitalismus schon gekommen. So schwach ist die globalisierte Wirtschaft also schon, dass sie befürchten muss, wegen des zarten Lächelns einer Frau womöglich in sich zusammenzubrechen. Was soll frau davon halten?

 Erinnern Sie sich bei der Arbeit hin und wieder daran, zu lächeln!

Man sollte meinen, dass jede erwachsene Frau etwas mit diesem Tipp anzufangen wüsste. Dachte ich anfangs auch. Mehr als 20 Jahre Trainingserfahrung haben mich eines Besseren belehrt. Viele Frauen lächeln zur Unzeit und sabotieren sich damit rhetorisch selbst. Deshalb nachfolgend ein kleiner Crash-Kurs in der Kunst des Lächelns.

Lehrgang des Lächelns

Es gibt eine ganze Menge Gelegenheiten, bei denen eine Frau nicht nur lächeln sollte, sondern geradezu lächeln muss, will sie sich rhetorisch nicht selbst behindern. Lächeln Sie:

- ❑ wenn Sie positives Feedback geben, also Lob, Anerkennung, Dank. Das verstärkt die Wirkung des Feedbacks. Mehr noch: Anerkennung macht misstrauisch, wenn der Sprecher dabei nicht lächelt (deshalb motiviert es nicht wirklich, wenn Männer Anerkennung geben).
- ❑ wenn Sie eine Bitte aussprechen. Erstens gebietet das die Höflichkeit und zweitens erhöht es die Wahrscheinlichkeit, dass Ihrer Bitte entsprochen wird.
- ❑ wenn ein Kollege oder eine Kollegin eine Erfolgsmeldung von sich gibt. Das bestätigt und hält die Beziehungsebene aufrecht.
- ❑ wenn Sie grüßen. Das Lächeln zum Gruß ist unter dem Einfluss des Zeitgeistes leider etwas verloren gegangen.
- ❑ wenn ein Vorgesetzter mit Ihnen plaudert. Das tut ihm gut, weil die meisten die Stirn runzeln, wenn der Chef mit ihnen spricht.
- ❑ aber bitte bedauernd, wenn Sie eine unpopuläre Botschaft überbringen müssen: »Leute, wir müssen heute bis 18 Uhr arbeiten. Tut mir leid, aber es geht nicht anders.«
- ❑ wenn Sie eine Bitte ablehnen. Damit signalisieren Sie, dass Sie nur die Bitte, nicht den Bittsteller ablehnen.
- ❑ wenn ein Mann Jägerlatein von sich gibt. Sie haben ja Recht, das ist ein wenig plump – doch das erwartet er. Nur deshalb

Bei diesen Gelegenheiten sollten Sie lächeln

labert er Sie mit dieser langweiligen Geschichte zu. Je schneller sie den Wauwau belohnen, desto eher hört er auf zu bellen.

Sie hätten nicht gedacht, dass es so viele Gelegenheiten gibt, bei denen ein kleines, charmantes Lächeln rhetorisch absolut geboten ist? Und das sind noch nicht einmal alle! Bis hierher war der Lehrgang des Lächelns sicher nicht schwer. Jetzt wird's ein wenig diffiziler. Lächeln Sie auf keinen Fall:

❏ wenn Sie jemanden berechtigt kritisieren. Die meisten Frauen machen das leider, um es dem Kritisierten »nicht so schwer zu machen«. Damit entwerten Sie die Kritik (s. Kapitel 9).

❏ wenn Sie Ziele vorgeben und Leistungen vereinbaren. Das erweckt den Eindruck, dass es Ihnen nicht ernst ist mit der Vereinbarung und den Zielen.

❏ wenn Ihnen ein Mann sein Leid klagt. Viele Frauen lächeln, um den Klagenden zu trösten. Das nimmt fast jeder Mann krumm, weil er nicht belächelt werden oder Mitleid haben will. Wenn Männer klagen, empören Sie sich mit ihnen: »So was aber auch! Riesensauerei!«

❏ wenn ein Mann sich voll danebenbenimmt. Erstaunlicherweise lächeln viele Frauen dabei, unwillkürlich gequält zwar, aber nichtsdestotrotz. Sie wollen die Peinlichkeit überspielen. Verständlich, geht aber voll nach hinten los: Der Missetäter fühlt sich von ihnen auch noch bestätigt!

Frauen haben die bessere Strategie

Frauen reden nicht nur anders als Männer, sie haben auch häufig bessere Sprachstrategien. Wenn etwas bewegt, verändert, in Gang gesetzt, gelöst werden soll, dann fällt der Mann eine einsame Entscheidung, legt selbstherrlich los und macht allen anderen, die sich übergangen fühlen und sich deshalb zu Recht verweigern, »Dampf unterm Hintern«. Deshalb scheitern 80 Prozent aller Change-Projekte. Change funktioniert nun einmal nicht gegen den

Widerstand der Beteiligten. Menschen reagieren eben mit Widerstand, wenn sie überfahren werden.

Frauen machen das ganz anders. Sie fragen erst bei den alten Hasen nach, wie das denn früher so lief. Sie reden mit den Betroffenen, um die Stimmung aufzunehmen, Meinungen einzuholen, eine Beziehung zu ihnen herzustellen und zu informieren. Das dauert zwar etwas länger – der Mann hat in dieser Zeit schon die Entscheidung gefällt und die ersten Schritte getan. Doch danach kommt sein Veränderungsprojekt wegen des Widerstands, den er mit seiner Rollkommando-Strategie provoziert hat, zum Stillstand. Dann zieht der weibliche Change-Agent an ihm vorbei, weil in ihrem Veränderungsprojekt alle Betroffenen motiviert mitmachen. Weiblich geführte Veränderungsprojekte sind nicht nur schneller, sondern meist auch erfolgreicher als männlich geführte.

 Männer machen Betroffene zu Beleidigten. Frauen machen Betroffene zu Beteiligten.

Was machen Frauen am Arbeitsplatz mit dieser überlegenen Change-Strategie? Sie werfen sie flugs über Bord. Warum? Weil alle anderen um sie herum es ja ganz anders machen. Dass diese anderen Männer sind, nehmen Frauen in diesem Zusammenhang oft nicht wahr.

 Stehen Sie zu Ihren Kommunikationsstrategien. Vor allem dann, wenn sie den männlichen Strategien überlegen sind.

An dieser Stelle sollte ich der Vollständigkeit halber erwähnen, dass es Frauen sehr viel leichter fällt, zu ihrer Sprache und ihren Sprachstrategien zu stehen, wenn sie das unter Gleichgesinnten, zum Beispiel auf Netzwerktreffen, Luna Nights, Ladys-only-After-Work-Partys oder Frauenseminaren, tun. Denn wenn man tagein, tagaus von reinen Männerzirkeln indoktriniert wird, hilft einem

Googeln Sie!

das Gegengewicht einer reinen Frauengruppe viel besser als die bloße, solo getroffene Einsicht, zu der eigenen Sprache zu stehen. Also schauen Sie nach, wo im nächsten halben Jahr ein Treffen von berufstätigen Frauen stattfindet, das auch das Kommunikationsverhalten thematisiert. Frauennetzwerke gibt es genug. Fragen Sie herum oder googeln Sie. Zur Not können Sie mir auch mailen ...

Es ist nicht immer schlecht, ein Mann zu sein

Vielleicht haben Sie den Eindruck bekommen, dass der männliche Sprachstil absoluter Mist ist, von dem frau tunlichst die Finger lassen sollte. Das ist die Regel. Die Ausnahme ist interessant:

 Tipp Je charmanter und weiblicher der Sprachstil einer Frau, desto wirkungsvoller und gleichzeitig weniger imageschädlich sind gelegentliche Anleihen beim testosteronen Sprachstil.

Die Betonung liegt auf »gelegentlich«. Wenn eine Frau im Beruf (oder anderswo) ständig redet wie ein Mann, wird sie sich immer der Lächerlichkeit, Stigmatisierung und dem Unverständnis der anderen preisgeben. Wenn sie jedoch gelegentlich verbal auf den Tisch haut, die Sau rauslässt, einen Delinquenten harsch angeht, einen Strich zieht, jemandem einen Vorwurf direkt ins Gesicht sagt, laut wird, auch mal fluchend einen Missstand brandmarkt, jemandem Feuer unter dem Hintern macht, dann wirkt das auf alle erfrischend, positiv, konstruktiv – eben wie ein klärendes Sommergewitter. Frau redet Tacheles – und danach ist alles wieder klar.

Werden Sie hin und wieder direkt, aber nicht laut

Wenn Sie also gern hin und wieder direkt werden, stehen Sie ruhig dazu. Wenn Sie das ein-, zweimal am Tag machen und sonst charmant und freundlich sind, wird Sie niemand mit einem Kerl verwechseln. Das heißt jedoch nicht, dass Sie laut werden *müssen*. Viele Frauen werden es gern – die sollten dazu stehen. Viele andere Frauen trauen es sich nicht, wie ein Mann zu reden – die müssen es sich auch nicht angewöhnen.

Machen Sie sich bewusst, wie stark Sie wirklich sind

Sprache ist etwas zutiefst Unbewusstes. Wir alle sind so daran gewöhnt, täglich zu sprechen, dass wir nicht mehr bewusst auf unseren Sprachstil hören. Für Frauen (wie auch für Männer) ist dieser Zustand des naiven rhetorischen Unbewusstseins sehr gefährlich. Denn wenn wir uns nicht unserer weiblichen rhetorischen Stärken bewusst werden, geben wir sie in einer testosteronen Sprachumwelt meist schneller auf, als uns lieb sein kann und uns nützt.

❑ Auch Sie verfügen über überlegene rhetorische, typisch weibliche Fähigkeiten. In einer männlichen Arbeitswelt werden sie jedoch meist unterdrückt. Stärken wirken erst, wenn sie geweckt werden. Seien Sie sich selbst ein guter Märchenprinz und küssen Sie Ihre Stärken wach.

❑ Stärken wirken erst, wenn Sie sie bewusst machen. Wie? Durch Achtsamkeit. Machen Sie es sich zur täglichen Gewohnheit, immer mal wieder Frauen und Männern bei der Kommunikation bewusst zuzuhören und deren Sprachstil miteinander zu vergleichen. Registrieren Sie die Gemeinsamkeiten und Unterschiede nach dem Motto: »Typisch Frau!« oder »Typisch Mann!« Achten Sie dabei vor allem darauf, wie deren Gesprächspartner reagieren, und beobachten Sie: Frauen kommen meist besser an.

❑ Beobachten Sie auch sich selbst bei der Kommunikation und vergleichen Sie sich mit Männern, vor allem in der Wirkung: Wie reagieren Gesprächspartner auf Sie?

❑ Hören Sie sich selbst beim Sprechen zu: Wie weit haben Sie den männlichen Sprachstil schon internalisiert?

❑ Wie fühlen Sie sich mit dem männlichen Sprachverhalten und wie kommt das vor allem bei Gesprächspartnern an?

❑ Wenn Sie sich bei typisch männlichen Sprachfiguren unwohl fühlen: Wie möchten Sie als Frau das lieber ausdrücken? Paraphrasieren Sie: Übersetzen Sie die männlichen Berufsfloskeln, die Sie stören, in eine Sprache, die Ihnen angemessen ist.

❑   Experimentieren Sie mit eher weiblichen Ausdrucksmöglich-
    keiten. Entdecken Sie wieder den weiblichen Sprachstil, der in
    Ihnen schlummert.

❑   Beobachten Sie, wie gut dieser weibliche Sprachstil bei Ge-
    sprächspartnern ankommt – das wird Sie motivieren, es öfter
    zu probieren und vor allem die Hemmungen zu überwinden,
    die viele Frauen dabei haben, im Beruf ihre eigene Sprache zu
    sprechen.

Männerwelt, Männersprache

Vor einigen Jahren gab es den Versuch, die Männerdominanz der
Sprache zu beheben: Man hängte einfach an männliche Berufsbe-
zeichnungen die Endung »-in« an. Statt Maler schrieb man dann
eben Malerin. Viele Frauen empfanden das als peinlich und wenig
hilfreich. Es war eben eine typische Männeridee. Sie ging am Kern
des Problems vorbei: Ob an einer Berufsbezeichnung ein Suffix
hängt, ändert nichts an der Tatsache, dass in einer Männerwelt eine
Männersprache gesprochen wird, die Frauen schlicht krank und
erfolglos macht. Viele Linguisten glauben deshalb, dass Sprache
auch ein Instrument der Unterdrückung ist, um Frauen dort zu
halten, wo sie nach Meinung der Sprachunterdrücker hingehören.
Betrachten wir am Beispiel, worauf es bei der sprachlichen Emanzipation wirklich ankommt.

 Die Kollegen in Petras Verkaufsteam sprechen täglich
davon, dass sie jetzt »an die Kundenfront gehen«, dem
Kunden »Feuer unterm Arsch machen«, »ihm die Flau-
sen austreiben« und ihn dann »knallhart zum Abschluss
bringen«, um »seinen Skalp (= Auftrag) zu nehmen«.
Sie finden das abstoßend? Petra auch; es macht sie
krank. Männer sind halt Schweine, oder? Nicht wirklich. Männer motivieren sich eben auf diese Weise (und
so verkaufen sie auch – der Kunde merkt das natürlich).

Ob Petra nun als Verkäufer oder als Verkäuferin bezeichnet wird, ändert nichts am Problem, dass diese Männersprache Petra krank macht und sie darüber hinaus in ihrem Berufserfolg und ihrer Arbeitszufriedenheit behindert. Denn jedes Mal, wenn Petra diese Sprache unbewusst übernimmt, fühlt sie sich mies und verkauft mies. Es ist eben nicht ihre Sprache, sondern eine Fremdsprache. Und eine Fremdsprache spricht man nie so gut und selbstverständlich wie die eigene Muttersprache.

 Sprachliche Emanzipation und rhetorische Selbstständigkeit als Frau sind kein Zustand, sondern eine Aufgabe, der Sie sich in einer Männerwelt täglich stellen müssen.

Eine gute Übung dafür ist, sich jene Männerfloskeln herauszusuchen, die Sie nie wieder sagen wollen, und sie durch Formulierungen zu ersetzen, die Ihnen eher entsprechen. Welche sind das bei Ihnen? Was fällt Ihnen spontan ein?

Am Anfang fällt es schwer, sich die vielen Männerfloskeln aus dem Kopf zu schlagen und zur eigenen weiblichen Sprache zurückzufinden. Doch schon nach wenigen Tagen werden Sie dabei einen ungeheuren Spaß erleben, weil der Erfolg Sie dabei beflügeln wird. Sie werden merken, wie gut es Ihnen tut, zu den eigenen sprachlichen Stärken zu stehen:

Ersetzen Sie Männerfloskeln durch Ihre eigene Sprache

 Je stärker Sie die eigenen sprachlichen Stärken nutzen, desto stärker wird Ihr Selbstwertgefühl werden.

Sie werden sich gut, stark und erfolgreich fühlen. Diese integrierende Wirkung hat Sprache – wenn und soweit es die eigene Sprache ist.

7 Es reicht nicht, gut zu sein: Weibliche Eigen-PR

Männer tun wenig Gutes und reden viel darüber.
Frauen tun viel Gutes und reden wenig darüber.
Golda Meir

Reden ist Silber, Schweigen kommt teuer

Ständig wird beklagt, dass Frauen im Beruf (und anderswo) das Doppelte leisten wie männliche Kollegen, aber nur die Hälfte der Anerkennung, Beförderungen, Chancen, Möglichkeiten, Privilegien, Pfründen und nur drei Viertel des Gehalts der Männer bekommen. Was für eine schreiende Ungerechtigkeit! Unterdrücken die bösen Männer etwa die armen Frauen? Gewiss doch. Leider sind sie damit nicht allein:

 Männer können Frauen nicht so sehr unterdrücken, wie Frauen sich selbst behindern.

Besonders deutlich wird die Selbstsabotage bei der Selbstdarstellung. Während Männer ihre eigenen Leistungen gern über den grünen Klee loben, reden Frauen sich selbst schlecht. Frauen leisten viel, stellen jedoch ihr Licht permanent unter den Scheffel. Sie verkaufen sich selbst so notorisch und chronisch unter Wert, dass man sich nicht wundern darf, wenn sie weniger Anerkennung und Gehalt bekommen.

Wenn Sie sich selbst schlechtreden, dürfen Sie sich nicht wundern, wenn alle anderen Sie bald auch schlecht finden.

»Bescheidenheit ist eine Zier« – es gibt wohl kein Sprichwort der deutschen Sprache, das Frauen in den letzten 200 Jahren schlimmer geschadet hat.
Der Schaden wird dabei meist gänzlich unbewusst angerichtet. Betrachten wir ein Beispiel.

Frau stellt sich selbst in den Schatten

Aus einem Bewerbungsgespräch mit einer 27-jährigen Bewerberin, die gebeten wurde, ihren Lebenslauf in eigenen Worten zu erzählen: »Nach dem Abi wusste ich nicht, was ich machen sollte. Deshalb ließ ich mich von meinem Vater zu einer Lehre überreden. Danach habe ich BWL studiert, weil mein Freund das auch studierte.«

Die weiß nicht, was sie will

Wohlgemerkt: Die Bewerberin fasste vor dem Interview nicht den bewussten Beschluss, sich selbst schlechtzureden. Ihre Selbstdemontage war völlig unbewusst. Die Bewerberin war im Gegenteil davon überzeugt, dass sie wahrheitsgemäß berichtete, weil sie ihren eigenen Werdegang genauso *empfand*. Doch beim gesprächsführenden Personalreferenten kam dabei leider die Botschaft an: »Die weiß nicht, was sie will, und zeigt bei der Berufswahl keinerlei Eigeninitiative. Lehre und Studium hat sie nicht aus eigenem Antrieb gewählt. Wer weiß, warum sie sich bei uns bewirbt. Wahrscheinlich, weil ihr neuer Freund hier wohnt ...«

STOP Frauen artikulieren sich unbewusst oft so, dass sie ihre eigene Leistung schmälern oder entwerten.

Wenn eine Frau ihre eigene Leistung schlechtredet, darf sie sich nicht wundern, wenn sie weniger Jobzusagen, Anerkennung und Gehalt bekommt. Weil sich die Misere in den folgenden sieben Bewerbungsgesprächen prompt wiederholte, nahm die Bewerberin drei Coaching-Stunden. Danach stellte sie ihren Lebenslauf bei Jobinterviews wie folgt vor – wohlgemerkt: Sie hatte noch immer denselben Lebenslauf und log nichts hinzu:

z.B. »Nach dem Abi habe ich zuerst eine Lehre gemacht, um eine praktische Basis für meinen Werdegang zu bekommen. Ich habe als Jahrgangsbeste abgeschlossen. Danach habe ich BWL studiert und dabei insgesamt drei Praktika abgelegt, ohne die Regelstudienzeit zu überschreiten.«

Donnerwetter, wenn sie derart überragende Leistungen vorzuweisen hat, warum hat sie das nicht gleich gesagt? Die typische Antwort: »Ich wollte nicht angeben. Außerdem sieht man doch an meinen Noten und dem schriftlichen Lebenslauf, was ich kann.« Es ist nicht zu fassen, mit welch tragischen Illusionen erwachsene Frauen durch die Welt wandeln. Räumen wir mit diesen selbstschädigenden Illusionen auf.

Gute Gründe, warum Frauen sich selbst schaden

Den meisten Frauen ist schmerzlich bewusst, dass sie sich unter Wert verkaufen. Doch dafür haben sie gute Gründe:

❑ »Das sieht man doch, was ich leiste. Das muss ich doch nicht extra sagen.« Irrtum. Vorgesetzte und andere Mitmenschen sitzen nicht den lieben langen Tag hinter Ihnen und schauen Ihnen bei der Arbeit zu. Vor allem in Europa ist die Führungs- und gesellschaftliche Feedback-Kultur so unterentwickelt, dass im Gegenteil gilt:

> ⚠ **Was Sie dem Chef nicht sagen, das nimmt er auch nicht wahr – und wenn Sie den Nobelpreis bekommen!**

❑   »Es kommt doch auf die Leistung an und nicht auf die Selbstdarstellung!« Falsch. Leistung zählt im modernen Kapitalismus so gut wie nichts (mehr), seit die Wertschöpfungskomplexität derart zugenommen hat, dass Vorgesetzte nichts mehr wahrnehmen, was Sie ihnen nicht unter die Nase halten. Es sei denn, Sie machen einen Fehler. Den erkennt der Chef natürlich auf Anhieb.

❑   »Ich will nicht so angeben!« Wer sagt denn, dass Sie's sollen oder gar müssen? Nur weil Männer Eigenlob mit hemmungsloser Prahlerei verwechseln, müssen Sie es ihnen noch lange nicht nachtun. Man kann auch seriös Eigen-PR betreiben.

Wir alle wissen, dass wir unsere tägliche Leistung besser darstellen müssten, um »anzukommen«, Anerkennung zu bekommen, als kompetent zu gelten, im Beruf voranzukommen oder einfach nur zufriedener mit unserer Arbeit zu sein. Damit es nicht beim guten Vorsatz bleibt, betrachten wir nun, wie das konkret aussehen könnte.

Die westliche Welt leidet an einer Mangelepidemie, was Anerkennung anbelangt. Was allein schon dumme Sprüche belegen wie: »Net g'schimpft isch scho gelobt genug!« Das mögen manche lustig finden. Doch Frauen leiden stark unter diesem Mangel an Anerkennung. Das kann jedes Kind beobachten, das seiner Mutter ausnahmsweise mal sagt, wie gut das Mittagessen wieder schmeckt: Das darauf einsetzende Lächeln ist nichts im Vergleich zum Hauptgewinn in einer Lotterie. Das erfahre ich auch immer wieder von berufstätigen Frauen. Am häufigsten fällt der Satz: »Danke sagt hier drin keiner.« Kommt stattdessen auch nur die leiseste Andeutung von Kritik, zum Beispiel nach einer erledigten Aufgabe, rasten viele Frauen komplett aus und fangen zu toben an oder kriegen den großen Frust: Sie erwarten Anerkennung und ernten stattdessen Kritik.

Machen Sie sich nicht selbst schlecht

z.B. Christiane gibt ihren Projektbericht beim Projektleiter ab: »Das Arbeitspaket ist abgeschlossen. Bei den Kosten haben wir leider etwas überzogen.« Als ihr Teamkollege Thomas anderntags den Projektstand der Steuerungsgruppe vorstellt, hört sich der exakt selbe Sachverhalt ganz anders an: »Wir haben das kritische Arbeitspaket abgeschlossen – und zwar auf den Tag termingenau. Das haben wir noch nie geschafft!« Fragt ihn irgendjemand, ob er dabei das Budget eingehalten hat? Aber wieso denn? Die Topmanager sind heilfroh, dass das leidige Paket endlich mal termingerecht fertig ist.

STOP Frauen erzählen gern ungefragt Negatives über ihre Leistung.

Auch wenn keiner danach fragt, es keinen interessiert oder die positiven Leistungen bei Weitem überwiegen. Das hält Frauen nicht davon ab, sich schlechtzureden. Männer stellen 10 Prozent Erfolg wie 120 Prozent Erfolg dar, Frauen stellen 10 Prozent Fehler wie 100 Prozent Misserfolg dar.

Warum schädigen sich Frauen brutaler, als es jeder böse Chauvi tun könnte? Die gängigen Begründungen: »Ich möchte nicht lügen«, »Das kommt doch sowieso raus«, »Das hätte einfach nicht passieren dürfen.« Das hört sich rational an, ist aber bei näherer Betrachtung Unfug. Wenn Sie 95 Prozent Zielerreichung schaffen und hauptsächlich über 5 Prozent Planabweichung berichten, vermeiden Sie keine Lügen, sondern begehen eine, indem Sie 5 Prozent wie 95 Prozent darstellen. Sie berichten unproportional und damit tendenziös. Und wenn Sie bei 95 Prozent Hochleistung behaupten, dass die 5 schwachen Prozent nicht hätten passieren dürfen, leiden Sie schlicht unter Perfektionismus, der in der realen

Perfektionismus ist deplatziert und neurotisch

Welt, die auch nicht perfekt ist, völlig deplatziert und neurotisch wirkt.

STOP Hören Sie auf, sich selbst schlechtzureden. Wenn Sie über Ihre Leistung berichten, berichten Sie zunächst und zuerst über Ihre Erfolge.

Der passende Merksatz dazu: Vier Fünftel über Erfolge reden, höchstens ein Fünftel über Planabweichungen. Über Misserfolge berichtet man ganz am Ende seiner Ausführungen oder nur dann, wenn man danach gefragt wird. Warum? Weil Vorgesetzte und Geschäftspartner wie alle normalen Menschen *Erfolgsmeldungen* von Ihnen erwarten! Deshalb glauben sie noch lange nicht, dass Ihre Leistung fehlerfrei ist. So naiv ist wirklich keiner. Nur wenn ein Mangel gravierend ist, also die übrige Leistung um mehr als die Hälfte schmälert, können Sie ihn vorrangig oder von sich aus ansprechen.

 Achten Sie einmal darauf: Wo, wann und wie machen Sie üblicherweise Ihre eigene Leistung schlecht? Wenn Sie bewusst darauf achten, haben Sie es sich schon halb abgewöhnt.

Beißen Sie sich auf die Zunge, bevor Sie sich das nächste Mal schlechtreden, und fragen Sie sich lieber erst: Muss das jetzt wirklich sein? Und wem nütze ich damit? Und wenn ich schon auf meinen Fehlern herumreite: Welche vier Erfolge erwähne ich vorab?

 Auch eine gute Eigen-PR-Regel: Wenn Sie schon über einen Fehler reden müssen, reden Sie vorher über vier Erfolge.

Hören Sie auf, zu relativieren

Viele Frauen gehen lieber unfrisiert auf die Straße, als ihre eigenen Leistungen korrekt zu kommunizieren. Sie relativieren sie entweder schon im Voraus oder spätestens dann, wenn sie Anerkennung dafür bekommen:

- ❑ »Ach, das ist doch nichts. Ich habe einfach nur Glück gehabt.«
- ❑ »Das hätte doch jeder gekonnt.«
- ❑ »Das hat sich einfach so ergeben.«
- ❑ »So gut ist das nun auch wieder nicht.«
- ❑ »So viel Arbeit hat das gar nicht gemacht.«
- ❑ »Das war keine große Sache.«
- ❑ »Das ist doch selbstverständlich, dafür bin ich doch da.«

Es ist nicht alles relativ

STOP Das Relativieren der eigenen Leistung ist nicht nur dumm, sondern geradezu gefährlich.

Männer sind es nämlich gewohnt, dass man die eigene Leistung überproportional hervorhebt. Tun Sie das nicht, denken Männer nicht: »Aha, eine Frau! Frauen reden anders«, sondern: »Die beherrscht ihre Sache nicht. Die bringt's nicht. Typisch Frau.«

 Tipp Stehen Sie zur Ihrer Leistung. Ohne Wenn und Aber und vor allem ohne Einschränkung.

Achten Sie in nächster Zeit bewusst darauf, wo Sie – auch im privaten Kontext – Ihre Leistung relativieren, und verkneifen Sie sich das in Zukunft. Sie wollen aber nicht unbescheiden sein? Einverstanden. Dann verkneifen Sie sich ein einziges Mal die Relativierung einer Leistung und beobachten Sie bewusst, was passiert. Sie werden beobachten:

- ❑ Ihre Gesprächspartner sind positiv von Ihnen angetan und halten Sie nicht für eingebildet oder unbescheiden, sondern für selbstbewusst.

❑   Sie selbst fühlen sich einfach gut dabei.

Überdenken Sie im Lichte dieser Beobachtungen den Spruch »Bescheidenheit ist eine Zier«, der offensichtlich noch in Ihrem Hinterkopf herumspukt, und kommen Sie zu dem Schluss: Er ist Käse. Es tut allen Beteiligten einfach gut, wenn eine Frau zu ihren Leistungen steht.

Sie müssen nicht protzen und prahlen

Eigen-PR ist gar nicht so schwer, nicht wahr? Bislang haben wir zwei Dinge darüber gelernt:

❑   Reden Sie immer erst über Ihre Erfolge, erst danach über etwaige Fehler.
❑   Relativieren Sie niemals eigene Leistungen. Stehen Sie zur Ihrer Leistung.

Mit dem Dazustehen haben viele Frauen so ihre Probleme. Wie macht frau das? So prahlerisch wie die Männer? Keineswegs.

 Wenn Sie etwas geleistet haben, dürfen und sollten Sie auch darüber reden. Denn jede gute Tat ist ihren Lohn wert. Schneiden Sie dabei nicht auf, sondern reden Sie ganz sachlich darüber.

Betreiben Sie Eigen-PR sachlich!

Es erleichtert Frauen ungemein, dass sie Eigen-PR sachlich betreiben dürfen, denn das können sie – und vor allem: Das trauen sie sich auch zu. Wenn ein Mann zum Beispiel einen Auftrag holt, stellt er seine Leistung vielleicht so dar: »Heute schon einen Riesenauftrag nach stundenlangen, knochenharten Verhandlungen geholt!« Frauen stößt so was ab. Aus diesem Grund sollten Sie das auch gar nicht zu kopieren versuchen, sondern ganz sachlich sagen: »Ich habe mit dem Auftrag bereits ein Viertel meines Monatsverkaufsziels erreicht.« Beeindruckend, nicht wahr? Und überhaupt nicht angeberisch. Oder finden Sie das etwa prahlerisch?

Betreiben Sie sachlich Eigenwerbung. Tun Sie Gutes und reden Sie sachlich darüber.

Leider reicht diese Handlungsanleitung nicht, wie ich bei Supervisionen und Coachings regelmäßig feststelle: Frauen reden zwar über ihre Leistungen, jedoch viel zu wenig.

Wiederholen Sie sich!

Wenn ein Mann heute einen kleinen Erfolg erzielt, dann erzählt er zwanzigmal am Tag davon, und das die ganze Woche. Wenn eine Frau einen wirklich herausragenden Erfolg erzielt, redet sie vielleicht, wenn's hoch kommt, ein-, zweimal darüber. Es ist klar, dass selbst der unvoreingenommenste Vorgesetzte dieses krasse Missverhältnis irgendwann der Frau mit dem Schluss anlasten muss: »Die leistet wirklich nicht so viel wie die Kollegen.« Nicht weil das stimmt, sondern weil der Chef ständig nur von den Erfolgen der Kollegen hört. Irgendwas bleibt eben immer hängen. Deshalb:

 Wenn Sie eine gute Leistung bringen, erwerben Sie sich damit ausdrücklich das Recht, nein, die Pflicht, darüber *mit jedem* zu reden, den Sie treffen.

Und erzählen Sie mir nicht, dass es nicht jeden interessiert. Denn Erfolgsnachrichten interessieren jeden Menschen, weil wir alle viel zu wenig davon zu hören bekommen.

STOP So sehr Bescheidenheit eine Zier sein mag, im Zusammenhang mit der Darstellung Ihrer eigenen Leistung ist sie ein gravierender Fehler.

Es ist wie mit der Wohnungssuche: Wenn Sie eine neue Wohnung suchen, dann erzählen Sie das ja auch nicht bloß ein, zwei Bekannten. Sie sprechen wirklich jeden und jede darauf an. Warum

tun Sie das? Weil Sie wissen, dass man jede Menge Menschen ansprechen muss, bevor man ein greifbares Ergebnis erwarten darf. Exakt dasselbe gilt für die Eigen-PR: Einmal ist keinmal, zweimal ist nicht viel besser.

❑ Versuchen Sie, wirklich jedem, den Sie heute treffen, von Ihrem jüngsten Erfolg zu berichten. Nicht an erster Stelle und nicht ellenlang, sondern irgendwo dazwischen eingeflochten, in zwei Sätzen, beispielsweise: »Übrigens, ich habe heute eine super-günstige Quelle für unsere neuen Formteile aufgetan. Wir sparen damit 5000 Euro im Jahr.«

❑ Übrigens, ist Ihnen die Parallele aufgefallen? Wenn Sie über einen supergünstigen neuen Coiffeur erzählt hätten, hätten Sie das genauso formuliert. Behandeln Sie einfach das eine wie das andere: Erzählen Sie über Ihre persönlichen Leistungen, wie Sie über Schnäppchen, Mode, Frisuren oder Kosmetik erzählen. Diese Parallele erleichtert vielen Frauen die angemessene Selbstdarstellung immens – eben weil sie das eine schon kennen und deshalb umso leichter auf das andere übertragen können.

Erzählen Sie je-dem – oder jedem zweiten – von Ihrer Leistung

❑ Wenn Sie es nicht schaffen, jedem von Ihrer Leistung zu erzählen, erzählen Sie es zumindest jedem zweiten. Sie haben Hemmungen davor? Das muss so sein. Die meisten Menschen kostet zum Beispiel auch eine Diät oder etwas mehr Sport für die Gesundheit einige Überwindung. Doch manchmal muss es eben sein ...

❑ Überlegen Sie sich jeden Tag aufs Neue, welche Erfolgsmel-dung Sie heute wem erzählen wollen. Differenzieren Sie nach Zielgruppen: Was erzähle ich heute meinen Kunden, meinen Kollegen, meinen Mitarbeitern, meinem (ja auch dem!) Chef? Das kostet Sie Überwindung? Das ist ein gutes Zeichen: Es geht aufwärts mit Ihnen! Denn nur wenn's aufwärts geht, spüren Sie Widerstände. Abwärts geht's von allein.

Eigenlob stimmt

Obwohl ich keine Frau kenne, die den Wert und die Notwendigkeit einer verstärkten Eigenwerbung leugnen würde, verspüren viele selbst bei sachlichster Eigenwerbung ein komisches Gefühl. Sie auch? Woher kommt das? Viele Frauen glauben, dass das schlechte Gefühl daher kommt, dass Eigenlob wirklich schlecht ist. Das ist ein verbreitetes Missverständnis. Die Wahrheit ist: Eigen-PR fühlt sich nicht komisch an, weil sie schlecht wäre, sondern weil sie schlicht *ungewohnt* ist.

Sich klein zu machen, das eigene Licht unter den Scheffel zu stellen, Negatives über sich zu berichten und die eigenen Leistungen ständig zu relativieren ist uns dank Erziehung und Sozialisation bereits so in Fleisch und Blut übergegangen, dass es unglaublich schwerfällt, diese lieb gewonnene Gewohnheit abzulegen – auch wenn sie uns klein, frustriert, benachteiligt und unten hält. Eine schädliche Gewohnheit abzulegen kostet einige Überwindung, eben weil sich das Gewohnte vertrackterweise so »richtig« anfühlt – fragen Sie jeden Raucher.

Frauen stellen ihr Licht unter den Scheffel

 Tipp Weil Eigen-PR so ungewohnt ist, sollten Sie klein damit anfangen.

Also nicht gleich gegenüber dem Chef, sondern erst einmal in kleinen Dingen mit Familie und Freunden. Viele Seminarteilnehmerinnen berichten mir, dass diese Anregung gerade im häuslichen Bereich wahre Wunder wirkt: »Normalerweise bin ich immer furchtbar enttäuscht, wenn abends im Haushalt nach einem anstrengenden Wasch- oder Putztag alles blitzt und blinkt, ich aber von keinem ein lobendes Wort höre. Ich dachte immer, das muss man doch sehen, was sich alles im Haushalt getan hat! Seit ich bei Tisch in kurzen Sätzen davon erzähle, was ich über den Tag geleistet habe, kriege ich auch mal ein anerkennendes Wort. Neulich hat

mein Junge sogar freiwillig den Abwasch übernommen, weil ich doch so einen harten Tag hatte!«

Wen würden Sie befördern?

Wenn es noch eines Grundes bedürfte, um Sie von der Notwendigkeit der Eigenwerbung zu überzeugen, dann versetzen Sie sich doch einmal in die Lage Ihres Vorgesetzten und fragen Sie sich: Wen würde ich befördern oder anerkennen? Eine Mitarbeiterin, die zwar anscheinend gute Leistungen bringt, die ihr Licht aber ständig unter den Scheffel stellt und sich sogar schlechtredet? Oder einen Mitarbeiter, der vielleicht nicht ganz so viel draufhat, aber vor Selbstbewusstsein strotzt und sich deshalb für Höheres empfiehlt? Die Frage beantwortet sich von selbst, nicht wahr? Außerdem sollten Sie wissen:

> Die meisten Vorgesetzten bewerten Motivation, Selbstbewusstsein und Engagement weitaus höher als Fachkompetenz. Denn Kompetenz kann man nötigenfalls antrainieren – Selbstbewusstsein nicht. (So denken jedenfalls Vorgesetzte.)

Wenn Sie zu oft Ihr Licht unter den Scheffel stellen, wertet das fast jeder Vorgesetzte und leider auch fast jede Vorgesetzte als mangelndes Selbstbewusstsein, mangelnde Motivation und schwaches Engagement. Das heißt:

> Auch wenn es am Anfang mächtig Überwindung kostet: Machen Sie mehr Eigen-PR!

Denn Überwindung ist kein Hinderungsgrund: Aerobic für die Figur oder sich abends um acht nach einem anstrengenden Arbeitstag noch in die Ausgeh-Klamotten zu werfen und Make-up aufzutragen kostet manchmal auch mächtig Überwindung. Aber

keine von uns würde behaupten wollen, dass diese Tätigkeiten nicht absolut notwendig sind. Im Gegenteil: Wenn es Überwindung kostet, muss es für was gut sein! Machen Sie mehr Eigen-PR! Danach werden Sie sich einfach gut fühlen – so gut wie nach der Aerobic-Stunde oder dem tollen Abend im kleinen Schwarzen.

 Eigen-PR ist Aerobic fürs Berufsleben!

Hatten Sie heute schon Ihre Aerobic-Stunde?

Reden Sie gut über sich

Wir sagten, dass sachliches Eigenlob nicht stinkt. Das Problem ist nur: Viele Frauen sind so aus der Übung, dass sie nicht (mehr) wissen, wie man sachlich über eigene Leistungen redet. Dabei ist das Ganze denkbar einfach: Sprechen Sie so wie ein Polizeibericht. Reden Sie nur über beobachtbare Tatsachen. Tatsachen sind niemals Angeberei. Sagen Sie zum Beispiel: »Ich habe die Vorkalkulation für die Winterkollektion heute abgeschlossen.« Das ist eine Tatsache. Diese Tatsache reicht meist schon für wirksame Eigen-PR, wenn Ihre Zuhörer einschätzen können, was das Besondere an diesem Erfolg ist.

Sprechen Sie sachlich über Ihre Leistung

Weil das Erfolgreiche am Erfolg jedoch für viele Kollegen und Vorgesetzte nicht immer ersichtlich ist (weil sie nicht so tief in der Materie drin sind wie Sie), empfiehlt sich ein sachlicher Hinweis auf das Besondere an Ihrer Leistung: »Normalerweise dauert die Kalkulation länger. Ich habe es zwei Wochen vor dem Plantermin geschafft.« Sie verspüren bereits ein ungutes Gefühl, wenn Sie dieses Statement nur lesen? Gut so. Erwarten Sie nichts anderes. Am Anfang benötigt es immer etwas Überwindung, etwas Gutes zu tun. Denken Sie an Aerobic (Walking, Diäten ...).

Wenn Sie über etwas mehr Selbstvertrauen verfügen, dürfen Sie nach der Beschreibung der Besonderheit Ihrer Leistung ruhig auch

eine moderate Wertung anfügen. Eine Wertung ist noch keine Prahlerei, zum Beispiel:

- ❏   »Das hat wirklich gut hingehauen.«
- ❏   »Ein erfreuliches Ergebnis.«
- ❏   »Da haben wir jede Menge Zeit gespart.«
- ❏   »Da bin ich schon ein wenig stolz darauf.«
- ❏   »Das ist mir gut gelungen.«

Das sind Mustersätze. Plappern Sie sie nicht unüberlegt nach, sondern wählen und probieren Sie Sätze, die zu Ihnen passen, mit denen Sie sich wohlfühlen.

Bleiben Sie authentisch!

Viele Frauen glauben, dass sie bestimmte Musterformulierungen aufsagen müssen, um Eigen-PR zu betreiben. Das ist ein Irrtum.

STOP Aufgesetzte, angelernte und aufgesagte Rhetorik nützt keinem. Sie wirkt nicht und Sie fühlen sich mies dabei, weil es Worte sind, die Sie normalerweise nie aussprechen würden – und das eben jeder intuitiv bemerkt.

Was möchten Sie mit Ihren Worten erreichen?

Wirksame und angenehme Rhetorik muss immer authentisch sein. Auf Deutsch: Sprechen Sie nur Worte aus, bei denen Sie sich wohlfühlen. Wenn Sie Eigen-PR betreiben möchten oder ein anderes rhetorisches Ziel verfolgen, fragen Sie sich stets zweierlei: Was möchte ich mit meinen Worten erreichen? Und mit welchen meiner eigenen Worte kann ich diese Wirkung erreichen, ohne mich zu verbiegen und deshalb gestelzt zu klingen? Sie können diese Frage eigentlich nur beantworten, wenn Sie die fraglichen Formulierungen einmal ausprobieren und (vor einem Spiegel) probehalber formulieren? Gratuliere. Sie sind bereits ein PR-Profi. Alle gut artikulierenden Menschen machen diese Übung regelmäßig.

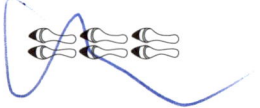

Das Imparitätsprinzip der Eigenwerbung

Viele Frauen haben ein doppeltes Problem mit einer angemessenen Selbstdarstellung:

STOP Für Misserfolge machen Frauen sich selbst, für Erfolg jemand anderen, den Zufall, das Glück oder die Umstände verantwortlich.

Tritt irgendwo ein Fehler auf, sagt die eine Frau im Projektteam bestimmt: »Aber dafür kann ich doch nichts!« – auch wenn keiner der vier Kollegen das behauptet hat! Auf diese Weise nimmt die Frau indirekt die Schuld auf sich: Wer sich rechtfertigt, der muss ja was falsch gemacht haben! Oder sie sagt: »Das habe ich eben nicht besser hingekriegt!« – obwohl auch danach keiner gefragt hat. Ist ein Erfolg zu vermelden, wehrt sie vorbeugend alle Lorbeeren ab: »Das hat nur so gut geklappt, weil die Entwickler so eine tolle Konstruktion geliefert haben.«

 Beobachten Sie sich bei der Kommunikation und hören Sie auf, sich die Schuld für alle Pannen der Welt zu geben und Erfolge stets auf andere zu schieben.

Männer machen es genau andersherum: Alle Erfolge haben natürlich sie erzielt und an allen Misserfolgen sind immer nur die anderen schuld.
So müssen Sie das nicht halten. Es reicht schon, wenn Sie damit aufhören, ständig den Sündenbock zu spielen, und damit beginnen, zu Ihren Leistungen zu stehen. Das erfordert nichts weiter als ein wenig Achtsamkeit für die eigene Kommunikation und etwas guten Willen. Das heißt:

Tipp Wenn Sie sich besser selbst darstellen möchten, muss sich zuerst im Kopf etwas ändern.

Selbstdarstellung unter Feuer

Ihre Leistungen sollten Sie nicht nur bei »Schönwetter« gebührend herausstreichen. Sie sollten das auch und gerade dann tun können, wenn Sie angegriffen werden, wenn also ein netter Kollege, Kunde oder Vorgesetzter zu Ihnen sagt: »So wie das aussieht, kriegen Sie das nicht mehr hin.«

Rechtfertigen Sie sich nicht!

Die meisten Frauen werden daraufhin rot oder bleich und rechtfertigen sich stockend oder empört. Leider gilt in der Geschäftskommunikation: Wer sich rechtfertigt, hat schon verloren. Nur getroffene Hunde bellen. Der Witz dabei: Gerade bei Frauen läuft der Angriff auf ihre Leistung in der Regel ins Leere – eben weil Frauen mehr leisten als Männer! Doch das können Frauen nicht artikulieren, weshalb sie solche Wortgefechte regelmäßig verlieren. Deshalb:

 Tipp Wenn Ihre Leistung angegriffen wird, rechtfertigen Sie sich nicht, denn das reitet Sie nur tiefer rein! Halten Sie stets eine schlagfertige Wendung parat, die Ihre Leistung humorvoll und selbstbewusst herausstreicht.

Das hört sich anspruchsvoller an, als es ist. Wenn Sie einige Angriffe und gute Erwiderungen studieren, kriegen Sie das relativ schnell selber hin:

Angriffe und gute Erwiderungen

Angriff	Parade
»So wie das aussieht, kriegen Sie das nicht mehr hin.«	»Im Gegenteil, das ist eine meiner leichtesten Übungen.«
»Wie wollen Sie denn mit diesem Schnupfen Ihre Präsentation halten?«	»Ich bin in jeder Verfassung arbeitsfähig!«

»Schaffen Sie (als Frau!) das auch?«	»Erwarten Sie etwas anderes?«
»Vielleicht ist das zu schwer für Sie (als Frau!)«	»Wenn es leicht wäre, dann könnte es ja auch ein Mann machen.«
»Wie haben Sie denn das hingekriegt!«	»Wie ich zu sagen pflege: Gib's keinem Mann, wenn es eine Frau machen kann.«
»Aber das ist ja ganz ausgezeichnet!« (Sprich: Hätte ich von einer Frau nicht erwartet.)	»Daran werden Sie sich bei mir gewöhnen müssen.«
»Sind Sie damit nicht überfordert?«	»Keineswegs. Für diese Aufgabe braucht man entweder drei Männer oder eine kompetente Frau.«

Sie finden die Paraden recht selbstbewusst? Dann haben Sie des Pudels Kern erkannt:

 Tipp Je grober der Angriff, desto selbstbewusster sollte die Parade sein – auch wenn das Selbstbewusstsein nur gespielt ist.

Ein gut gespieltes Selbstbewusstsein ist von einem »echten« sogar für Sie selbst nicht zu unterscheiden. Die Amerikaner nennen es das Prinzip Act-as-if: Tu so, als ob du … (selbstbewusst, gelassen, souverän, freundlich …) wärest – sobald du es intensiv genug vorgibst, wirst du es automatisch!

Die Negaholikerin

Vielleicht haben Sie es schon geahnt: Dass Frauen selten gute Worte für sich finden, hat oft tiefere Gründe als einen bloßen Mangel an Worten.

Es fehlt nicht an den Musterformulierungen, sondern an der Eigenwahrnehmung:

STOP Viele Frauen sind auf Negatives fixiert, sehen an ihrer Leistung nur die Fehler.

Auch wenn diese Fehler marginal sind im Vergleich zu ihren Erfolgen, auch wenn die Erfolge überragend sind, auch wenn 90 Prozent einer Arbeit purer Erfolg sind – viele Frauen sehen nur die 10 Prozent Planabweichung. Das nennt man Negaholismus oder Perfektionismus, eine typisch weibliche Krankheit (Männer leiden dafür unter krankhafter Selbstüberschätzung).

Perfektion –
eine typisch weib-
liche Krankheit

Leiden Sie auch ein wenig darunter? Dafür gibt es einen einfachen Test. Beantworten Sie die folgende Frage: Was ist Ihnen heute schon besonders gut gelungen?

Wenn ich diese Frage auf Frauenseminaren stelle, herrscht oft minutenlang betretenes Schweigen. Der Verstand sucht mühsam nach einem vorzeigbaren Erfolg – und findet nichts! Das heißt nicht, dass da nichts zu finden wäre, denn Frauen leisten jeden Tag Herausragendes am laufenden Meter. Das heißt lediglich, dass der Negaholismus bereits so stark ausgeprägt ist, dass sie automatisch nur ihre Fehler wahrnehmen – und ihre Erfolge nach den Gesetzen der selektiven Wahrnehmung erfolgreich ausblenden; natürlich nicht bewusst, sondern gänzlich unbewusst. Das ist ja das Vertrackte daran.

Diese krankhafte Einschränkung der Eigenwahrnehmung ist glücklicherweise reversibel. Heilung verspricht zum Beispiel folgende Übung.

Wissen Sie eigentlich, wie gut Sie sind?

A) Welches sind Ihre fünf größten Stärken? Nehmen Sie sich für die Antwort ruhig einige Minuten Zeit, um diesen verschütteten Teil Ihre Selbstwahrnehmung wieder freizulegen. Gehen Sie behutsam und freundlich mit den Gefühlen um, die dabei hochkommen. Sie gehören zum Heilungsprozess.

Geduld, selektives Denkvermögen 1)2)

Auto Zuhörer Freundlichkeit 3)4)

Strebsam .... 5)

B) Nennen Sie drei Gründe, warum Sie für Ihre Arbeit bestens geeignet sind:

übernehme Verantwortung .... 1)2)

beziehe Andere mitein, ... 3)

C) Nennen Sie drei Gründe, warum Sie Anerkennung (Beförderung) verdient haben:

1. übernehme Verantwortung, → Personal 1)2)

2. Geldeinsparung enorm, 3 Erfahrung größer 3)

D) Nennen Sie drei (berufliche) Dinge, die Ihnen heute besonders gut gelungen sind:

fast Primer, Bestellung .... 1)2)

Dekordokt ∧. Probe .... 3)

E) Was lief heute schief? Und was ist trotz allem noch gut daran? Eine Bekannte verlor beispielsweise ihr Handy auf einer Zugfahrt. Als geheilte Negaholikerin sagte sie mir einige Tage danach: »Wenigstens war's die letzten beiden Tage so ruhig, dass ich endlich alle aufgelaufenen Rechnungen rausschicken konnte!« Notieren Sie von drei heutigen Desastern die positive Seite. Geben Sie nicht auf. Irgendetwas findet sich immer, auch wenn Sie minutenlang suchen müssen. Wie das Sprichwort sagt: »Es ist nichts so schlecht, dass es nicht wenigstens als abschreckendes Beispiel dienen könnte!«

Hr Christ … angesprochen – mit ihm kommuniziert … 1)2)

weniges erledigt als gehabt" macht ist auch Tag … 3)

Ein gesundes Selbstbewusstsein ist kein Zustand, sondern ein tägliches, stündliches, minütliches Bemühen.

Machen Sie diese Übung regelmäßig, am besten täglich. Nach einigen Tagen werden Sie bemerken, wie Sie sich die Fragen dieser Übung ganz spontan zwischendurch stellen – dann sind Sie geheilt. Der einzige Haken daran: Nur wer diese positiven Überlegungen weiterhin täglich und stündlich pflegt, *bleibt* auch geistig gesund und selbstbewusst.

Keine Überraschung

Falls Sie für sich selbst nicht schon lange den Schluss gezogen haben, ziehen wir ihn hier gemeinsam:

Tipp Leistung allein reicht nicht, damit Sie die Anerkennung und Möglichkeiten, das Gehalt und die Berufschancen bekommen, die Sie verdienen. Sie brauchen neben einer guten Leistung auch eine gute Selbstdarstellung.

Die wenigsten Menschen werden Sie wegen Ihrer Leistung allein anerkennen, befördern, besser bezahlen, protegieren, unterstützen, als Kollegin und Frau respektieren. Sie müssen es den Menschen leichter machen: Informieren Sie sie von sich aus über das, was Sie Gutes getan, Großes geleistet haben. Pflegen Sie diesen Info-Service permanent. Die Menschen um Sie herum haben es verdient, von Ihnen gut informiert zu werden.

Machen Sie sich diesen Info-Service zur lieben Gewohnheit. Werten Sie alle inneren Widerstände, die dabei unweigerlich hochkommen, als sicheres Zeichen dafür, dass Sie auf dem richtigen Weg sind. Überwinden Sie diese Hemmungen im liebevollen und nachsichtigen Umgang mit sich selbst. Bleiben Sie fest in der Absicht, Gutes über sich zu reden. Denn Sie wissen selbst am besten, was gut für Sie ist.

8   Die Angst vor klaren Anweisungen

Wenn eine Frau keine klaren Anweisungen geben kann,
ist sie »zu nett fürs Business«.
Wenn sie anweist wie ein Mann, ist sie eine »Zicke«.
Desillusionierte Abteilungsleiterin

Frauen und ihr Problem mit der Macht

Wer träumt nicht davon, Mitarbeiter zu führen? Frauen. Die meisten haben einen (un)ausgesprochenen Horror davor. Deshalb verzichten die meisten Frauen auf Karriere, Beförderung, Team- oder Projektleitung. Die Zahl der Frauen, die von Männern am beruflichen Aufstieg gehindert werden, wird bei Weitem übertroffen von der Anzahl der Frauen, die auf den Aufstieg in eine Führungsposition von sich aus verzichten: »Ich will diese blöden Machtspielchen nicht mitspielen.« Wer will das schon (außer einigen Männern)?

Dieser noble Machtverzicht hat leider einen kolossalen Nachteil: Da viele Frauen in Unkenntnis der verschiedenen Facetten von Macht undifferenziert alle Formen von Machtausübung (innerlich, unbewusst) ablehnen, kommen sie auch nicht mit einer ganz milden und im Grunde harmlosen Form der Macht klar: der Weisungsbefugnis. Das führt in der täglichen Berufspraxis zu einem Zustand, den man locker als CWF, als chronisch weibliches Führungsdesaster bezeichnen kann:

Frauen verzichten auf Karriere

❑ Viele Frauen (insbesondere in vorgesetzter Position) schaffen es nicht, dass ihre Mitarbeiter und Kollegen das tun, was sie ihnen sagen, anweisen, auftragen, delegieren oder von ihnen erwarten.

❑ Sie müssen bestimmte Dinge »erst hundertmal sagen«, bevor sie dann endlich verspätet und mehr schlecht als recht gemacht werden.

❑ Wenn auch die hundertste Aufforderung nicht zieht, machen viele Frauen die Arbeit eben selber.

Chronisch weibliches Führungsdesaster

❑ Weil die meisten Frauen diese Führungskatastrophe nur zu gut kennen, verzichten sie häufig schon von vornherein auf Anweisungen und machen die meisten Aufgaben lieber gleich selbst. Auch deshalb arbeiten Frauen oft doppelt so viel wie Männer. Nicht weil sie so fleißig wären (sie sind es), sondern weil sie schlicht nicht delegieren können. Eine durchaus schmerzhafte Erkenntnis. Aber noch viel schmerzhafter ist das Gefühl, sich ständig mit Arbeit zu überladen und keinen adäquaten Dank dafür zu bekommen.

❑ Auch dass oft behauptet wird, (bestimmte) Männer würden Frauen als Vorgesetzte nicht akzeptieren, hat mit der Delegationsschwäche zu tun: Wenn eine Frau einem Mann nicht delegieren kann, sieht es für das Laienauge oft so aus, als ob der Mann die Frau sabotiert. In Wirklichkeit versteht er schlicht nicht, was sie von ihm will.

Und weil dieses unerquickliche Thema den meisten aufgeweckten Frauen schon lange ein Dorn im Auge ist, höre ich auf Führungsseminaren für Frauen ständig die Frage, die das Dilemma der führenden Frau kurz und schmerzhaft auf den Punkt bringt: »Wie formuliere ich Anweisungen klar und deutlich, aber gleichzeitig so, dass der andere mir nicht böse ist?«

Wenn Sie eine Frau treffen (oder sind), deren Mitarbeiter nicht das tun, was sie ihnen sagt, dann haben Sie eine Frau vor sich, die diese Frage für sich nicht geklärt hat. Klären wir das jetzt.

Können Frauen überhaupt führen?

Im Beruf wie anderswo müssen bestimmte Dinge einfach gemacht, erledigt werden. Wenn eine Frau sie nicht selber macht (was auch mal vorkommen soll), wie sorgt sie dann dafür, dass die Arbeit erledigt wird? Mit Aufforderungen wie:

❑   »Könnten Sie das nicht mal machen?«
❑   »Würden Sie mal bitte ... ?«
❑   »Könnten Sie mal nachschauen, was mit den Lieferunterlagen ist?«

Hört sich ganz nett und normal an? Für Frauenohren: ja. Frauen nehmen auch an, dass nach diesen Aufforderungen »alles gesagt« ist. Welch heroischer Irrtum, der sich alsbald als solcher herausstellt: Es passiert schlicht nicht viel oder gar nichts nach dieser Art der Aufforderung.

Wenn die Wirkung einer Kommunikation zu wünschen übrig lässt, liegt das an der Kommunikation, nicht am Empfänger.

»*Könnten* Sie das nicht *mal* machen?« Achten Sie nur auf die beiden kursiven Worte: Der Konjunktiv (könnten) und das Wörtchen »mal« bewirken, dass beim Mann die Botschaft ankommt: »Das *könnten* Sie mal machen, *müssen* es aber nicht, und es muss auch nicht sofort sein, es kann irgendwann *mal* sein.« Das ist kein Witz. Das sind die ehernen Gesetze der männlichen Grammatik. Wenn Männer so eine Aufforderung hören, können sie nicht anders, als sie völlig misszuverstehen. Hätten Sie jetzt nicht gedacht? Tja, Männer sind nun mal keine Frauen. Männer sprechen eine eigene Sprache.

Der typisch weibliche indirekte Führungsstil macht es jedem normal erzogenen Mann geradezu unmöglich, eine Frau überhaupt zu verstehen, geschweige denn ihren Aufforderungen nachzukommen.

Was will die denn schon wieder?

Es ist nicht so, dass Mitarbeiter und Kollegen berufstätige Frauen auflaufen lassen, sabotieren oder ignorieren (das kommt sehr selten vor und ist dann Mobbing). Es ist vielmehr so, dass es Frauen den eigenen Mitarbeitern, Kollegen und Beziehungspartnern sehr schwer machen, sie überhaupt zu verstehen. Das macht nicht gerade beliebt. Der folgende Ausruf ist unter Männern ein geflügeltes Wort: »Was will die Alte denn jetzt schon wieder von mir? Ich kapier es einfach nicht!« Und das alles nur, weil »die Alte« keine (im Sinne des Mannes!) klare Anweisung geben kann.

Männer brauchen klare Ansagen

Ich habe mich auch schon über meinen Beziehungspartner geärgert. Da rede ich dauernd davon, dass er doch bitteschön dies oder das erledigen soll, und was macht er? Nichts, ist doch zum Haareraufen. Natürlich kriegt jeder Mann irgendwann mit, dass etwas in der Beziehung nicht rund läuft. Ich habe darüber hinaus das Glück, dass meiner sich artikulieren kann. Und er sagte eines Tages etwas für Frauenohren gänzlich Unerhörtes: »Wenn du möchtest, dass ich eine Arbeit nicht irgendwann erledige, wenn es mir mal reinpasst, dann nenn mir doch einen Termin, bis zu dem du es spätestens erledigt haben möchtest.«

 Erste Überraschung: Männer finden klare Ansagen nicht unverschämt.
Zweite Überraschung: Männer wünschen sich geradezu klare Vorgaben.

Sagen Sie klar, was Sie wünschen!

Damit wäre die Eingangsfrage schon beantwortet: Wie geben Sie Anweisungen, ohne dass der Weisungsempfänger sauer reagiert?

Indem Sie unmissverständlich, klar und vollständig sagen, was Sie sich wünschen. Was soll ich sagen: Seit ich meinen Wünschen Termine anfüge, erledigt mein Partner meine Bitten prompt und pünktlich. So einfach ist Kommunikation.

Nein, so einfach ist sie natürlich nicht, obwohl Sie das ständig in Seminaren hören und in Ratgebern lesen können. Denn wenn es so einfach wäre, wären Frauen schon lange darauf gekommen – wir sind schließlich nicht verblödet! Warum setzen Frauen Männern keine Termine und klare inhaltliche Ziele, wenn das offensichtlich hilfreich ist? Weil Frauen denken:

- ❏ »Wenn ihm das wirklich wichtig wäre, dann würde er das gleich machen.«
- ❏ »Wenn er mich wirklich lieb hat, macht er das nach meinem (stummen!) Wunsch.«
- ❏ »Das muss ich doch nicht erst ausdrücklich sagen, was ich erwarte!«
- ❏ »Meine Güte, ich kann ihm doch nicht vorschreiben, bis wann er das erledigen soll!«

Diese Überlegungen sind alle menschlich, verständlich, valide – und haarsträubend egoistisch. Denn:

> **STOP** Wenn ein Mann klare Ansagen und Termine braucht, um aktiv werden zu können, wie können Sie es dann vor Ihrem Gewissen verantworten, ihm diese dringend benötigte Hilfe kaltherzig zu verweigern?

Männer brauchen klare Ansagen (und Frauen sind darüber nicht böse). Männer finden eine Frau, die ihnen klare Ansagen macht, nicht arrogant, sondern einfach nur höflich, respektvoll und hilfreich und ihre Ansagen sinnvoll und absolut nötig. Männer verstehen nicht, warum Frauen das nicht verstehen. Viele gut artikulierende Männer verlangen die klare Ansage von sich aus. Wenn eine Frau mal wieder nebelhaft und indirekt etwas von ihnen möchte, sorgen sie von sich aus für die nötige Auftragsklärung, indem sie rückfragen: »Bis wann denn? Womit? Wozu? Warum überhaupt? Welches Ergebnis erwarten Sie?« Solche Fragen sind superpeinlich. Wenn ich als Delegationsnehmer solche Fragen stellen muss, dann ist der Delegationsgeber offensichtlich delegationsinkompetent.

Mit den Widerständen arbeiten

Den meisten Frauen leuchtet es durchaus ein, dass sie im Berufsleben mit klaren Ansagen oftmals besser fahren würden. Der Haken ist nur: Das fühlt sich so komisch an. Das heißt: Sie verspüren innere Widerstände. Viele Frauen sagen sich: »Da hilft nichts, da musst du durch, Anweisungen müssen eben sein«, und weisen daraufhin so barsch an wie Männer. Dabei erleben sie dann das, was die Eingangsfrage auslöst:

❑   Männer (und Frauen) reagieren verletzt und/oder mit Widerstand (das ist die übliche Reaktion auf männliche Anweisungen).
❑   Die anweisende Frau fühlt sich gar nicht wohl, weil sie sich dabei verbiegen muss. Die seelischen Schäden sind unmittelbar beobachtbar.

Warum entstehen sie? Weil der innere Widerstand verdrängt wird.

 Verdrängen Sie innere Widerstände nicht, arbeiten Sie mit ihnen.

Betrachten wir einen typisch weiblichen Widerstand: Viele Frauen haben Hemmungen, Delegationsnehmern Termine oder andere konkrete Vorgaben zu nennen. Sie manchmal auch? Was fühlen Sie in solchen Situationen? Erspüren Sie für einen Moment dieses etwas unangenehme Gefühl und artikulieren Sie es – damit beginnt die Arbeit an und mit den inneren Widerständen: Sie verdrängen sie nicht, Sie nehmen sie ernst. Wenn Frauen diese Hemmung artikulieren, sagen sie zum Beispiel: »Ich möchte dem anderen doch kein

Ultimatum setzen!« Schön, wenn Sie das herausgefunden haben. Dann fragen Sie sich: Warum möchte ich das nicht? Warum widerstrebt es mir so? Was genau stößt mir dabei sauer auf? Was hat das für einen Beigeschmack? Was befürchte ich? Sie brauchen darauf keine exakten Antworten. Ahnungen tun's ebenso. Wenn Sie sich so weit vorgearbeitet haben, stellen Sie die zentrale Frage: Was möchte ich denn dabei unbedingt vermeiden?

Das ist die Frage nach dem berühmten Sekundärnutzen. Wir geben unklare Anweisungen ja nicht aus Spaß oder Feigheit, sondern weil wir damit ein schutzwürdiges Interesse wahren wollen, weil wir Gutes tun und Böses vermeiden möchten, zum Beispiel: »Ich möchte den anderen nicht herumkommandieren.« Wenn Sie dieses schutzwürdige Interesse erkannt haben, ist das Problem bereits gelöst. Sie brauchen dann nur noch Primär- und Sekundärnutzen zusammenzubringen, sprich: Anweisung erteilen *und* dabei trotzdem freundlich und sympathisch wirken. Dafür stehen Ihnen viele Möglichkeiten offen, zum Beispiel die Verhandlungslösung. Damit beantwortet sich unsere Eingangsfrage auf eine weitere differenzierte Weise:

  Wie geben Sie klare Anweisungen, ohne wehzutun? Indem Sie nicht herumkommandieren, sondern verhandeln.

Die Verhandlungslösung

Manche Dinge müssen einfach gemacht werden. Sie müssen bis zu einem bestimmten Termin und mit einem bestimmten Ergebnis erledigt werden (Primärinteresse). Gleichzeitig möchten Sie dem anderen kein Ultimatum setzen (Sekundärinteresse). Wie bringen Sie beide Interessen unter einen Hut? Ganz einfach, indem Sie den Termin (die Ziele) nicht vorgeben, sondern den Verhandlungsgegenstand (Termine, Ziele, Vorgaben) mit einer Frage einführen:

Primär- und Sekundärinteresse unter einen Hut bringen

❏ »Herr Müller, kümmern Sie sich doch bitte um diese Kunden-
   anfrage.«
❏ »Is gut, Frau Meier, geben Sie her.«
❏ »Bis wann könnten Sie das denn erledigen?«

Damit haben Sie jene Klippe elegant umschifft, die Frauen am
meisten bei Anweisungen fürchten: Sie müssen dem anderen kein
Ultimatum vorgeben. Sie treten vielmehr mit dieser Frage in
Terminverhandlungen ein – so wie man das im Business eben
macht: man/frau verhandelt.

Oft genug wird der Ansprechpartner erstaunlicherweise einen
Termin nennen, der innerhalb Ihrer Vorstellungen liegt. Manchmal
jedoch nicht. Dann machen Sie den Partner nicht zur Sau, wie das
Männer gern machen à la: »Sind Sie vom wilden Huhn gepickt?
Das muss sofort raus, schnellstens, pronto, möglichst vorgestern!«
Frauen proleten nicht, Frauen verhandeln. Denn nur die Verhand-
lung kann eine Win-Win-Situation herstellen:

❏ »Bis wann könnten Sie das denn erledigen?«
❏ »Och, na, bis Ende der Woche schon.«
❏ »Ehrlich gesagt brauche ich den Vorgang bereits morgen
   vormittag auf dem Schreibtisch. Können Sie das schaffen?«

Verhandeln Sie!

Überraschend oft sagt der Angesprochene Ja. Warum? Aus einem
einfachen Grund, wie die Amerikaner sagen: If you want something
– ask for it! Wenn Sie etwas haben möchten, bitten Sie darum! Viele
Frauen kriegen nicht, was sie wollen, weil sie nicht darum bitten,
sondern vergebens darauf hoffen, dass der andere Gedankenleser
ist. In einigen Fällen wird der Angesprochene Ihren Wunschtermin
nicht halten können: »Ich schaffe das nicht bis morgen Vormittag!
Frühestens bis übermorgen.«

Dann können Sie ihm zumindest einen Kompromiss vorschlagen:
»Wie wär's als Kompromiss mit morgen Nachmittag?«

Wenn Sie clever sind, können Sie auch die Konditionalfrage stellen:
»Unter welcher Voraussetzung könnten Sie es schon bis morgen
Früh schaffen?«

Der Verhandlungspartner wird Ihnen eine Voraussetzung nennen. Entweder Sie können sie ihm bieten, zum Beispiel durch Neuverteilung oder Neupriorisierung seines Workload (Arbeitspensum), wie das neuerdings heißt. Oder Sie bieten ihm eine Entschädigung an: »Liefern Sie mir das bis morgen und ich winke Ihren Projektvorschlag in der Steuersitzung großzügig durch.«

Diese Verhandlung dauert nur unwesentlich länger als die barsche, verletzende Anweisung. Doch danach macht der Angesprochene, was Sie sich von ihm wünschen – und er macht es vor allem gern und mag Sie danach immer noch gut leiden.

Wenn Sie's möglich machen möchten, fragen Sie nach Möglichkeiten

Eine besonders elegante Art, Anweisungen auch gegen Widerstände durchzusetzen und dabei sympathisch zu bleiben, ist die Frage:

 »Sehen Sie eine Möglichkeit, das doch noch zu schaffen?«

Der Verhandlungspartner wird nach etwas Bedenkzeit eine Möglichkeit nennen. Dann können Sie über diese verhandeln und zu einer Gesamtlösung kommen. Er wird zum Beispiel sagen: »Klar können Sie das auch bis morgen haben – wenn ich dafür den Auftrag X hintanstellen darf.« Dann verhandeln Sie darüber, ob und wie das tolerierbar ist.

Der Witz an der Verhandlungslösung ist: Sie funktioniert. Immer. Was kein Wunder ist, wenn man bedenkt, dass alles im Leben Verhandlungssache ist. Der Haken daran ist lediglich: Keiner hat uns das je beigebracht. Das ist fatal. Denn Verhandlungskompetenz ist eine der zentralen Schlüsselkompetenzen für ein glückliches und erfülltes Leben. Man kann weder ein harmonisches Familien- noch ein zufriedenes Berufsleben ohne Verhandlungskompetenz führen. Glücklicherweise ist Verhandlungsgeschick wie eine Fremdsprache: Sie können es jederzeit erlernen. Probieren Sie die Verhandlungs-

> Die Verhandlungslösung funktioniert immer

lösung bei Auftragserteilung einfach einmal bei kleineren Aufträgen und kleineren Widerständen aus. Experimentieren Sie damit. Übung macht die Meisterin. Schon nach wenigen Versuchen werden Sie großes Geschick dabei entwickeln – und eine Menge Spaß und Erfolg haben. Vor allem: Sie werden sich bei Ihren Verhandlungspartnern ungemein beliebt machen und deren Respekt ernten. Aus diesem Grund sind weibliche Führungskräfte oft beliebter als männliche: Männer weisen barsch an, Frauen verhandeln klug und sympathisch.

Verhandlungslösung für Eilige

Viele Frauen sind schon genauso gehetzt wie die Männer. Auch das ist Emanzipation. Wie dem auch sei, manchmal muss es eben schnell gehen, da hat frau einfach keine Zeit für großartige Verhandlungen. Sie möchten also Ihre Anweisung ruckzuck geben und trotzdem dem anderen nicht auf die Füße treten. Geht das? In der Tat und verblüffend einfach. Das Prinzip ist: Klare Ansage mit Nachfrage. Zum Beispiel:

»Verena, bitte kopier den Quartalsbericht nach diesem Muster dreißigmal und leg ihn in der Mittagspause zusammen mit den neuen Controllingzahlen auf meinen Tisch.« Bis hierhin ist das ein klare Ansage, die Verena durchaus als zu direkt, grob und respektlos auffassen könnte, wenn Sie nicht nachfragen: »Geht das in Ordnung für dich?« (Unbedingt mit fragendem Lächeln, um zu demonstrieren, dass Sie nicht von oben herab, sondern von Mensch zu Mensch fragen.)

Vor allem Männer werden oft darauf antworten: »Aber klar doch, was denkst du denn? Mach ich mit links!« Delegationsnehmerinnen dagegen werden vielleicht sagen: »Pfff, eigentlich wollte ich heute früher zu Tisch … «

Was Sie darauf sagen, ist eigentlich piepegal – solange Ihre Antwort Verständnis transportiert:

- »Ach, Verena, das tut mir aber leid. Es geht nicht anders. Kannst du das Opfer für mich bringen? Danke. Du hast was gut bei mir.«

- Oder: »Ja, ich weiß, kommt total kurzfristig. Würde es dir was bringen, wenn du einfach eine halbe Stunde länger Mittagspause machst?«

- Oder: »Autsch, tut mir leid. Kannst du es irgendwie trotzdem einrichten? Das würde mir wirklich helfen.«

Zeigen Sie
Verständnis!

Die meisten Menschen zicken auf direkte Anweisungen hin nicht, weil die Anweisung sachlich unmöglich wäre, sondern weil sie sie beziehungstechnisch als unmöglich empfinden. Wenn Sie Verständnis für die Lage des Anweisungsnehmers kommunizieren, wird Ihre Anweisung in der Regel akzeptiert – die Ausnahmen behandeln wir weiter unten (s. Abschnitt »Seien Sie nicht naiv«).

Die W-Delegation

Die meisten Frauen geben schwammige Anweisungen, weil sie den anderen eben nicht drangsalieren möchten. Sie übersehen dabei: Die schlimmste Drangsalierung ist eine schwammige Anweisung, weil danach jede(r) denkt: »Was will sie denn von mir? Ich tappe völlig im Dunkeln!« Das heißt:

 Tipp Wenn Sie andere nicht gegen sich aufbringen wollen, geben Sie unmissverständliche, klare und vollständige Anweisungen.

»Bitte kümmern Sie sich mal um unsere Exportkunden« ist eben weder unmissverständlich noch klar noch vollständig. »Aber der Exportreferent weiß doch, was ich von ihm möchte!« Nein. Diese Annahme dürfen Sie niemals verwenden, solange Sie mit Menschen zusammenleben. Denn die Erfahrung zeigt doch: Das Missverständnis ist die Regel bei der Kommunikation. Das beweist Ihnen

der andere doch täglich: Er macht eben nicht, was Sie von ihm erwarten. Nicht, weil er dumm oder bösartig ist, sondern weil Sie es versäumten, unmissverständlich, klar und vor allem vollständig zu kommunizieren, was genau Sie von ihm erwarten.

 Wenn Sie etwas von jemandem wollen, sollten Sie schon die Höflichkeit und den Respekt aufbringen, ihm auch das zu sagen, was er wissen muss, um Ihre Bitte zu erfüllen.

Und das sind vier Dinge, welche die berühmte W-Delegation ausmachen:

1. Was genau soll er tun? Zum Beispiel: »Telefonieren Sie sämtliche Exportkunden durch und klären Sie ab, ob die letzte Lieferung komplett und korrekt war.«

2. Welches Ergebnis soll er dabei erzielen? Wenn Sie ihm das nicht sagen, telefoniert er alle Exportkunden durch, fragt unverbindlich nach der letzten Lieferung – und dokumentiert nichts, analysiert nichts und bügelt vor allem keine aufgetretenen Pannen aus. Also: »Erfassen Sie tabellarisch sämtliche aufgetretenen Pannen nach Mengen- und Artikelabweichung, geben Sie mir dafür eine Häufigkeitsverteilung und versprechen Sie jedem unzufriedenen Kunden Ausgleich binnen Wochenfrist.« Erst danach weiß der Mitarbeiter, welche Ergebnisse Sie von ihm erwarten. Übrigens: An dieser Stelle scheitern viele Männer bei der W-Delegation, weil sie selten wissen, was sie konkret wollen.

3. Bis wann soll er das Ergebnis erzielen? »Bis wann schaffen Sie das? ... Das ist mir ein wenig zu spät. Schaffen Sie es bis Freitag? Gut. Dann erwarte ich Freitag, 14 Uhr, Ihren formlosen Bericht.«

4. Wenn Sie eine hervorragende Kollegin oder Führungskraft sind oder sein möchten, geben Sie dem Delegationsnehmer noch ein viertes, extrem motivierendes W dazu: Das Warum und Wozu,

zum Beispiel: »Es wird gemunkelt, dass einige französische Kunden stinksauer sind. Wenn die abspringen, wäre das eine Katastrophe für Umsatz und Arbeitsplätze. Sie sind unser Feuerwehrmann, der den Brand löscht, bevor das Haus abfackelt.« Das motiviert doch spürbar, oder?

Wenn Sie auf Nummer sicher gehen wollen, vergewissern Sie sich, dass Ihr Auftragnehmer Ihren Auftrag auch korrekt und vor allem vollständig verstanden hat. Fragen Sie: »Haben Sie eine Vorstellung davon bekommen, was ich von Ihnen erwarte? Könnten Sie den Auftrag nochmals in eigenen Worten beschreiben?« Wenn er sich keine Notizen gemacht hat, schafft er das nicht. Denn vier Ws kann kein Mensch auswendig im Kopf behalten, auch kein Nobelpreisträger – lassen Sie sich da keinen Bären aufbinden! Also sorgen Sie von vornherein dafür, dass er oder sie mitnotiert.

Die ganze Übung klingt nach Kindergarten? In der Tat. Doch jedes Mal, wenn meine Seminarteilnehmerinnen diese Übung machen, erzählen sie konsterniert: »Es ist unglaublich, wie sehr man doch in nur vier Sätzen aneinander vorbeireden kann.«

 Tipp Dass jemand versteht, was Sie meinen, ist die Ausnahme. Die Regel ist, dass wir aneinander vorbeireden. Wir merken es nur so selten.

Wir merken es eigentlich nur dann, wenn der Auftragnehmer nicht das tut, was wir von ihm erwarten. Dann ist natürlich der doofe Auftragnehmer schuld, der das wieder nicht kapiert hat oder ein ganz fauler Strick ist. Dass es an der fehlerhaften Kommunikation liegt, darauf kommen nur die klügsten Frauen.

Seien Sie nicht naiv

Das Problem, klare Anweisungen zu geben und trotzdem Frau zu bleiben, wird in der Praxis verkompliziert, weil Kollegen und Mitarbeiter manchmal nicht auf nett ansprechen. Viele Frauen, insbesondere weibliche Führungskräfte, beklagen immer wieder:

»Ich kann keine Anweisung geben, ohne dass ein Mann mir offen widerspricht oder es besser weiß. Die akzeptieren einfach keine Frau als Vorgesetzte!« Falsch. Sie akzeptieren lediglich keine Führungskraft – egal ob Mann oder Frau –, die nicht mit Widerständen umgehen kann.

 Seien Sie nicht naiv. Wenn Sie Anweisungen geben, rechnen Sie mit Widerspruch.

Die meisten schmollen, wenn sie mit Widerspruch konfrontiert werden, werden grob, versuchen den anderen zu überreden oder erledigen die Aufgabe eben selber. Sie manchmal auch? Leider sind das keine besonders intelligenten Strategien, um mit Widerspruch umzugehen. Eine bessere Strategie ist die ERLFA-Strategie.

Die ERLFA-Strategie

Die meisten Menschen haben nie gelernt, mit Widerständen umzugehen (auch nicht mit eigenen). Sicher haben Sie schon bemerkt, dass es wenig nützt, Widerständler überreden oder überzeugen zu wollen: Sie lassen sich schlicht nicht überreden. Sie bleiben bockig oder tauchen mit ihrem Widerstand in den Untergrund ab. Warum? Weil Überreden und Überzeugen Symptomtherapien sind. Die wahren Ursachen erreichen sie nicht. Und die wahre Ursache ist:

 Jemand, der Ihnen widerspricht, blendet einen Teil der Realität aus. Sie können ihn nur zur Aufgabe seines Widerstandes bewegen, indem Sie den ausgeblendeten Teil wieder einblenden.

Die meisten Widerstände von Chefs, Kollegen, Kunden und Mitarbeitern fallen in eine von fünf Kategorien: E wie Existenz, R wie Relevanz, L wie Lösbarkeit, F wie Fähigkeit und A wie Aufwand:

Kategorie	Widerstand	Einblendung	Blenden Sie ein!
Die Existenz des Problems wird geleugnet.	»Ach, das brauchen wir doch nicht. Bisher hat es doch auch so funktioniert!«	»Bisher hatten wir vier Reklamationen die Woche. Das geht so einfach nicht!«	
Die Relevanz des Problems wird geleugnet.	»Ja, schon, aber was sind schon vier Reklamationen?«	»Da hängen im Schnitt 2000 Euro Auftragswert dran. Übers Jahr macht das einen kompletten Arbeitsplatz – könnte auch Ihrer sein!«	
Die Lösbarkeit des Problems wird geleugnet.	»Ja, schon, aber so geht das doch allen Firmen, da kann man halt nix machen.«	»Natürlich kann man da was machen – lassen Sie uns Lösungen ausarbeiten.«	
Die eigene Fähigkeit der Problemlösung wird ausgeblendet.	»Ja, sicher geht da was, aber doch nicht bei uns, wir sind dafür viel zu verknöchert!«	»Den Turnaround haben schon Firmen geschafft, die viel verknöcherter als wir waren, und ich zeige Ihnen auch, wie die das gemacht haben.«	

| Der reale Aufwand wird ausgeblendet. | »Okay, aber dafür haben wir doch gar keine Zeit, das macht doch einen Riesenaufwand.« | »Das darf weder viel Zeit noch großen Aufwand kosten. Wir werden das so organisieren, dass Sie es ohne große Zusatzbelastung schaffen werden. Lassen Sie uns darüber reden, wie das aussehen könnte.« |

Das Prinzip ist klar, nicht wahr? Widerstände von Auftragnehmern nicht plattmachen, nicht bagatellisieren oder abtun, die Leute nicht überreden wollen, sondern mit den Widerständen arbeiten, sie aufnehmen, akzeptieren und sie thematisieren, die ausgeblendeten Realitätsteile identifizieren und so lange und so oft wieder einblenden, bis der Widerständler erkennt, dass er seine Widerstände ohne eigenen Schaden aufgeben kann.

Keine Anweisung ohne Kontrolle

Dass Anweisungen von Frauen so selten befolgt werden, liegt auch daran, dass Frauen so selten kontrollieren. Leider wissen wir aus der Pädagogik, was jeder Schüler von seinen Hausaufgaben kennt:

> ⚠ Was nicht kontrolliert wird, wird oft nicht (richtig) gemacht.

Mitarbeiter erwarten Kontrolle

Vor allem die Botschaft der mangelnden Kontrolle ist desaströs. Neulich sagte mir ein Sachbearbeiter auf die Frage nach den Kontrollzyklen seiner Vorgesetzten: »Och, die Abteilungsleiterin kontrolliert uns eigentlich selten. Ich glaube, es ist ihr nicht wirklich wichtig, was wir hier machen.« Als die Vorgesetzte das hörte, war sie entsetzt:

»Und ich hatte immer den Eindruck, dass die mich nicht wirklich als Vorgesetzte akzeptieren!« Wenigstens weiß sie jetzt, warum: Weil sie sich nicht wie eine Vorgesetzte aufführt. Weil sie nicht kontrolliert. Mitarbeiter erwarten das einfach. Ihre übrigens auch.

Warum kontrollieren Frauen viel zu wenig? Viele haben einen ausgesprochenen Horror davor: »Ich möchte nicht die böse Aufpasserin sein!« Wer möchte das schon? Und vor allem: Wer hat denn behauptet, dass jede Kontrolle nach dem Motto »Big Brother's watching you!« ablaufen muss? Männer kontrollieren nach dieser Gulag-Methode. Sind Sie vielleicht ein Mann? Dachte ich mir's doch.

 Frauen kontrollieren nicht wie ein böser Aufpasser, sondern wie ein freundlicher Helfer.

Meike ist ein Musterbeispiel für beziehungsfreundliche Kontrolle. Ihre Teamkollegen sagen: »Einmal die Woche schaut die Meike vorbei und informiert sich über den Fortgang der Arbeitspakete. Wir unterhalten uns immer prächtig. Und wenn es ein Problem gibt, setzt sich die Meike mit uns hin und tüftelt eine Lösung mit uns aus. Die Meike ist so ziemlich die Einzige in diesem Laden, der nicht piepegal ist, was wir tun und welche Probleme wir haben.« Schon verrückt, nicht?

 Gute Kontrolle empfinden Menschen nicht als lästig, sondern als segens- und hilfreich.

Warum? Weil Meike:

❏ jeden Kontrollbesuch oder -anruf mit der Frage nach den positiven Ergebnissen einläutet und für jede kleine Erfolgsmeldung nachdrücklich positives Feedback (Anerkennung, Lob, Dank) gibt. Deshalb empfinden die Kontrollierten die Kontrolle von vornherein als positiv und angenehm. Denn jede(r) berichtet gern von eigenen Erfolgen.

❑   Verständnis für die Probleme der Kontrollierten zeigt und äußert.
❑   ihre Mitarbeiter mit ihren Problemen nicht im Regen stehen lässt, sondern zusammen mit ihnen Lösungen entwickelt.

Das heißt: Meike kontrolliert nicht wie ein Mann, sondern vorwurfsfrei, verständnisvoll, nicht fehlerorientiert, ohne pingelig, kleinlich, nörgelig oder perfektionistisch aufzutreten.

Übrigens: Kontrolle ist auch eine Frage des Dran-Denkens. Haben Sie auch schon bemerkt? Man delegiert jeden Tag so viel, da verliert man zwangsläufig den Überblick darüber, was man alles wann kontrollieren sollte.

Organisieren Sie Ihre Kontrolle. Legen Sie sich die Kontrolltermine bereits bei der Auftragsvergabe auf Wiedervorlage, tragen Sie sie in Ihren Terminplaner ein.

Tyrannische Frauen

Wenn Sie beziehungsfreundliche Anweisung und Kontrolle üben wollen, empfiehlt sich das Privat-, Beziehungs- und Familienleben als Verkehrsübungsplatz. Sie haben schon ein bisschen was ausprobiert? Dann wird Ihnen vielleicht aufgefallen sein, dass das seltsame Gefühl manchmal trotz aller Arbeit an den eigenen Widerständen nicht ganz verschwindet.

Manchmal wissen wir ganz genau, dass wir eine klare Ansage machen müssten, trauen uns aber einfach nicht, weil wir befürchten, dass wir mit dem Widerspruch des Angesprochenen nicht klarkommen oder dass er/sie uns für eine Tyrannin hält. Dann denken wir meist: »Ach, dann mach ich es eben selber. So wichtig ist es dann auch wieder nicht.« Wichtig? Das ist des Pudels Kern.

Wenn Sie Hemmungen vor einer klaren Anweisung haben, fragen Sie sich doch einmal, wie wichtig Ihnen der Auftrag ist.

Fragen Sie sich insbesondere: Was ist mir jetzt wichtiger? Dass jemand die Sache erledigt oder dass ich meine Ruhe habe und keine klare Anweisung geben muss? Und weil bei der Antwort darauf oft unser innerer Schweinehund die Stimme führt, schalten Sie Ihren gesunden Menschenverstand wieder ein und fragen sich: Was wäre mir unangenehmer? Mich mit dem eventuellen Widerstand des Auftragnehmers auseinanderzusetzen oder mit der Belastung, die Arbeit selber zu machen oder unerledigt zu lassen?

Egal, welche Antwort Sie finden – es ist die richtige Antwort. Sie wird Sie motivieren und Ihnen die Sicherheit geben, richtig entschieden zu haben.

Die meisten Frauen entscheiden sich inzwischen für diese Antwort: »Ich will, dass die Sache erledigt wird, und ich will hier nicht schon wieder den Ausputzer spielen. Also nehme ich eben etwas Widerspruch in Kauf. Damit werde ich schon fertig. Jedenfalls besser, als schon wieder die ganze Arbeit selber zu machen!«

An dieser Stelle möchte ich Ihnen meine Anerkennung aussprechen: Allein dass Sie sich damit beschäftigen, wie frau Anweisungen gibt, spricht Bände über Ihre Kompetenz und Ihr Selbstbewusstsein. Ich treffe jeden Tag Frauen, die sich bitterböse über Kollegen, Mitarbeiter oder Partner äußern, denen sie »immer erst alles hundertmal sagen müssen« und die dann doch nicht tun, was frau von ihnen erwartet. Wenn ich dann zu erkennen gebe, dass ich Kommunikations-Coach bin und es gerade für dieses Problem wunderbar einfache Lösungen gibt, winken die meisten ab: »Ich brauche doch keine rhetorischen Tricks, um mit meinem Mann zu reden! Wir kommen auch so klar!« Da hat frau ein Problem, über das sie sich bitterböse beklagt, und wenn es um die Lösung geht, dann drückt sie sich. Erstaunlich, nicht wahr, wie manche Mitglieder der Spezies es schaffen, sich vor ihren Problemen und Wünschen zu verstecken. Das tun Sie ganz offensichtlich nicht. Dafür verdienen Sie meine Hochachtung.

Ist die Welt nicht schön?

Es ist nicht wirklich schwer, sich klare Anweisungen anzugewöhnen. Viel leichter, als Italienisch oder Englisch zu lernen. Der Erfolg belohnt Sie allemal. Frauen, die sich klare und beziehungsfreundliche Anweisungen angewöhnt haben, berichten mir oft:

Die Welt ist schön!

- ❑ »Es ist einfach ein wunderbares Gefühl, wenn ich sehe, dass gemacht wird, was ich sage – und das schon nach dem ersten und nicht erst nach dem hundertsten Mal!«
- ❑ »Früher dachte ich, meine Mitarbeiter akzeptieren mich nicht. Jetzt weiß ich, dass ihnen bloß klare Anweisungen fehlten.«
- ❑ »Ich hatte immer Angst, dass ich als Hausdrache rüberkomme, wenn ich Tacheles rede. Das Gegenteil ist passiert. Die respektieren mich jetzt viel mehr.«
- ❑ »Seit ich klare Anweisungen gebe, hat sich die Stimmung in der Gruppe nicht verschlechtert, sondern überraschenderweise verbessert. Oft sagt mir einer: Bei dir weiß ich wenigstens, woran ich bin. Wenn du A sagst, ist es auch A und nicht B.«

Klare Anweisungen sind die beste Motivation

Es ist einfach ein schönes Gefühl, wenn alles wie am Schnürchen läuft, wenn alle am selben Strang ziehen, und das auch noch in dieselbe Richtung. Vor allem: Wer klare Anweisungen gibt, spart sich jede Menge Ineffizienz, Ärger, Konflikte und endlose Diskussionen. Denn die meisten Konflikte entstehen nicht aus Interessenkonflikten, sondern aus unklaren, widersprüchlichen, auslegungsfähigen, indirekten, schwammigen, nebulösen, unvollständigen, inkonsistenten oder inkonsequenten Anweisungen.

Und noch einen Vorteil verschaffen Ihnen klare Anweisungen: Sie ersparen sich jede Menge Ermahnungen und »Motivation«. Sie müssen nicht ständig den Leuten auf die Füße treten, damit sie ihre Arbeit erledigen. Denn wer klare Anweisungen bekommen hat, braucht keine ständigen Anschubser. Klare Anweisungen sind die beste Motivation.

Der größte Vorteil liegt jedoch darin, dass Sie, sobald Sie klare Anweisungen geben, ganz anders respektiert werden. Sie werden als selbstbewusst und verantwortungsbewusst, verlässlich, offen und ehrlich wahrgenommen. Und wer von uns möchte das nicht?

9 Kritisieren Sie munter!

*Abgelehnt zu werden ist für viele Frauen
infolge der typisch weiblichen Erziehung zum »Liebsein«
ein größeres Problem als für die meisten Männer.*
Barbara Schlüter

Frauen ärgern sich viel und sagen wenig

To do Worüber haben Sie sich heute oder gestern am Arbeitsplatz richtig aufregen müssen? Wer hat Sie geärgert? Was ist passiert, was eigentlich nicht passieren dürfte? Listen Sie mal auf:

....

....

Da kommt einiges zusammen, nicht wahr? Gehen Sie nun die Liste durch und machen Sie ein Kreuzchen bei jedem Ärgernis, dessen Verursacher Sie zur Rede gestellt haben. Zählen Sie Ihre Ärgernisse und dann die Kreuzchen. Sie entdecken ein krasses Missverhältnis beider Zahlen? Dann sind Sie in guter Gesellschaft. Den meisten Frauen geht es so. Die meisten leiden darunter – und das doppelt. Zum einen natürlich unter dem Ärgernis selbst. Zum anderen aber auch unter dem schlechten Gewissen: »Warum wehre ich mich so selten, wenn mich etwas ärgert?«

Warum immer ich?

Schon wieder hat der Kollege die letzte Tasse Kaffee getrunken, aber keinen neuen gemacht. Was denkt der sich eigentlich? Und warum muss immer ich neuen Kaffee kochen? Die Kollegin hat bei ihrer Präsentation die Overhead-Stifte im Sitzungssaal offen liegen lassen und ich kann mir jetzt erst mal neue besorgen. Warum immer ich? Ein Mitarbeiter liefert nur die Hälfte seiner Aufgabe ab und ich kann den Rest erledigen.

Solche Ärgernisse passieren uns täglich zuhauf. Aber sagen wir was? Vielleicht beklagen wir uns bei einer Kollegin oder der besten Freundin über den Missetäter. Doch den Übeltäter selbst stellen wir höchst selten zur Rede. Viel zu selten. Wir lassen zu vieles durchgehen, um dann einmal im Quartal wegen einer Bagatelle, die das Fass zum Überlaufen bringt, einen Anfall zu kriegen. Diesen Anfall nimmt der Betroffene dann ziemlich krumm, weil die Cholerik in keinem Verhältnis zum Anlass steht. Die Quittung kommt prompt in Form der üblichen Pauschalverurteilung: »Wie kannst du dich wegen einer Tasse Kaffee bloß so aufregen? Dann mache ich halt neuen, wenn dich das glücklich macht!« Das hat frau nun davon, wenn sie den Mund aufmacht! Irrtum: Das hat frau davon, wenn sie *zu spät* den Mund aufmacht. Warum tun wir das?

Warum wir zu wenig kritisieren

Männer sind mit ihrer Kritik meist sehr vorschnell, verletzend und überzogen. Passiert auch nur eine Kleinigkeit, machen sie sofort einen Mordsradau (und fühlen sich sauwohl dabei). Frauen stinkt viel, doch sie sagen wenig. Und wenn sie was sagen, haben sie ein äußerst ungutes Gefühl dabei. Warum? Weil

Warum Frauen zu wenig kritisieren

- ❑ sie so erzogen wurden: »Sei immer schön bescheiden«;
- ❑ sie die Harmonie nicht stören wollen;
- ❑ sie fürchten: »Wenn ich jetzt was sage, mag er/sie mich nicht mehr«;
- ❑ sie dem anderen nicht wehtun wollen;
- ❑ sie Widerspruch und Eskalation auf ihre Kritik hin fürchten;

- sie mit Widerspruch und Eskalation auf Kritik nicht umzugehen gelernt haben;
- sie keine Zeit selbst für berechtigte Kritik haben: »Bis ich dem das jetzt verklickert habe, mache ich es doch lieber selber«;
- sie ihre Gefühle bagatellisieren: »Ach, so schlimm ist das auch wieder nicht«;
- sie die Schuld (zum Teil) auf sich nehmen: »Ist doch auch meine Schuld«.

Frauen haben viele gute Gründe, sich mit Kritik zurückzuhalten. Das Problem dabei ist nur: Diese Zurückhaltung hat neben einigen Vorteilen auch jede Menge Nachteile.

Wer sich nicht wehrt, lebt verkehrt

Die meisten Frauen sind sich wohl bewusst, dass sie viel zu schnell klein beigeben, sich zu viel gefallen lassen, den Mund nicht oft genug aufkriegen. In Seminaren höre ich immer wieder bittere Selbstvorwürfe wie:

- »Ich könnte mich jedes Mal ohrfeigen, wenn ich mich wieder nicht traue, den Mund aufzumachen.«
- »Die Missstände werden nicht besser, wenn ich nichts sage.«
- »Ich finde es erniedrigend, wie sehr ich mich vom Wohlwollen anderer abhängig mache.«
- »Ich werde hier nach Strich und Faden ausgenutzt!«
- »Ich doofe Kuh sag ja nie was!«

Wenn es so belastend ist, zu schweigen, warum kritisieren dann Frauen nicht häufiger? Weil ihnen das Handwerkszeug dafür fehlt. Sie wissen schlicht nicht, wie frau kritisiert,

- ohne verletzend zu werden;
- ohne Widerspruch oder Eskalation zu provozieren;
- ohne bei Widerspruch und Eskalation gleich klein beizugeben.

Woher sollten wir das auch wissen? Das hat uns schließlich niemand beigebracht. Das holen wir nun nach.

Kritik ist gut

Sie zucken bereits beim Wort »Kritik« innerlich zusammen? Das Wort gefällt Ihnen nicht? Dann hat man Ihnen etwas Falsches beigebracht. Richtig ist: Kritik ist nichts Böses, Schlimmes oder Verletzendes.

Destruktive Kritik ist böse, schlimm oder verletzend. Doch eigentlich kann man bei bösartiger Kritik nicht mehr von Kritik sprechen (sondern eher von Mobbing). Gute, korrekte und richtige Kritik ist nichts anderes, als mit jemandem über einen Missstand zu sprechen. Das können Sie wie viele Männer vorwurfsvoll, angriffslustig und respektlos machen. Oder Sie können es richtig machen und konstruktive Kritik üben.

 Wenn es verletzt, ist es destruktive Kritik. Ist es konstruktiv, ist es gute Kritik.

Wenn Ihnen das Wort immer noch nicht passt, nennen Sie es doch einfach Feedback oder Meinungsäußerung oder Rückmeldung oder Rücksprache oder sachbezogene Unterhaltung ...

Kritik immer as soon as possible

Äußern Sie Kritik zeitnah

Weil Frauen sich nicht zu kritisieren trauen, kritisieren sie in der Regel zu spät. Sie lassen zu vieles zusammenkommen, bevor sie endlich die Zähne auseinanderkriegen. Sie kritisieren nicht, wenn die Sache passiert ist, sondern erst viel später, wenn sie endlich den Mut dafür zusammenbekommen. Oft ist das Tage, wenn nicht Wochen nach dem kritischen Vorfall. Dann kann sich der Kritisierte kaum noch daran erinnern. Deshalb kann er nicht anders, er muss diese Verzögerung als bösartige Schikane betrachten und hässlich werden.

Wenn Sie kritisieren möchten, dann bitte asap, wie man neuerdings sagt, as soon as possible, so schnell wie möglich nach dem kritischen Vorfall.

Genau das trauen Sie sich nicht? Dann haben Sie das falsche Vorbild. Weil wir für Kritik meist nur Männer als Vorbilder haben, denken wir unwillkürlich, dass der scharfe Anraunzer die einzige Form der Kritik ist. Das ist Chauvi-Käse. Gerade nach dem allerersten Auftreten eines kritischen Vorfalls können Sie ganz sanft, sachte, leicht und humorvoll kritisieren – das reicht meist schon. Warum? Weil der Vorfall noch ganz frisch im Bewusstsein des Kritisierten ist. Ein Wink mit dem Zaunpfahl reicht dann meist, zum Beispiel: »Frank, ist das die letzte Tasse Kaffee, die du da trinkst?« – »Jaja, is ja schon gut, hab's schon verstanden. Ich mach gleich welchen!« Macht er natürlich nicht, nicht gleich. Aber Sie fühlen sich unendlich besser, weil Sie endlich mal die Zähne auseinandergekriegt haben. Das gibt jedes Mal ein echtes Hochgefühl, tut dem Selbstbewusstsein gut und bewirkt auf Dauer eine Veränderung beim Kritisierten.

 Die sofortige sanfte Kritik hat die größten Erfolgsaussichten und den größten Sympathiefaktor. Außerdem schont sie Ihre Nerven.

Wenn Sie Feedback sofort nach einem kritischen Vorfall vorbringen, dann bleiben Sie dem anderen sympathisch, weil die meisten Menschen diese sanfte sofortige Kritik überhaupt nicht als Kritik wahrnehmen, sondern als Anregung. Musterformulierungen für sanfte Instant-Kritik sind zum Beispiel:

❏ »Hoppla, was lief hier schief?«
❏ »Bleibt das so?«
❏ »Kommt da noch was nach?«
❏ »Ich hätte gern noch etwas mehr … «

Die sanfte Sofort-Kritik

Sie trauen sich auch eher, sofort Kritik anzubringen, wenn Sie sie als Ich-Botschaft formulieren – denn Ich-Botschaften nimmt keine(r) krumm:

- ❑ »Ich habe mir das anders vorgestellt. Können wir darüber reden?«
- ❑ »Jetzt bin ich verwirrt – muss das hier so sein?«
- ❑ »Ich habe mir eigentlich mehr ... gewünscht. Geht das noch?«

Haben Sie bemerkt? Kritik wirkt auch dann sanfter und sympathischer, wenn Sie sie als Frage formulieren. Probieren Sie's doch gleich mal. Warten Sie auf das nächste Ärgernis (das nächste Ärgernis kommt bestimmt) und stellen Sie sofort eine Frage dazu. Es darf ruhig die falsche sein. Allein der Umstand, dass Sie fragen, ist besser, als wie üblich den Mund zu halten und die Kröte zu schlucken. Fragen Sie einfach so lange nach, bis Sie kriegen, was Sie wollen. Fragen nimmt keiner krumm. Aber: Fragen will geübt sein. Denn normalerweise fragen wir in der alltäglichen Kommunikation viel zu wenig. Wir müssen es uns erst wieder angewöhnen ...

Natürlich können Sie sich nach Kräften bemühen, Kritik nach allen Regeln des Feedbackgebens mit Ich- statt Du-Botschaften, mit sachlichen Formulierungen und einem freundlichen Lächeln so gut wie möglich positiv zu verkaufen. Jedoch: Wenn Sie alles getan haben, um Kritik so »nett« wie möglich rüberzubringen, und der Adressat trotzdem sauer reagiert – dann müssen Sie das wegstecken können.

Auch das ist emotionale Intelligenz: mit dem Unabänderlichen leben zu lernen. Belastende Gefühle fühlen zu können, bis sie von allein abebben. Sich sagen zu können: »Ich habe es so schonend wie möglich ausgedrückt. Aber es musste gesagt werden. Dass er/sie jetzt sauer ist, kann ich gut verstehen. Aber er/sie sollte auch verstehen, dass es meine Aufgabe ist, ihn/sie auf solche Dinge aufmerksam zu machen.«

Zur Sache, Schätzchen!

 Einer von Lisas Mitarbeitern hat einen Kunden grob fahrlässig vergrault. In diesen rezessiven Zeiten ist das ein gravierendes Vergehen, das fast schon einer Abmahnung würdig ist. Lisa weiß, dass sie ihm die Leviten lesen muss. Sie weiß auch, dass sie es so bald wie möglich machen muss – bevor die Erinnerung an den kapitalen Bock des Kollegen bei diesem verblasst. Sie weiß, dass die Gardinenpredigt hart für den Mitarbeiter wird, und möchte es ihm deshalb so leicht wie möglich machen. Deshalb legt sie im Mitarbeitergespräch auch nicht gleich mit dem heiklen Thema los, sondern macht zuerst ein wenig Small Talk, fragt nach der Familie und dem letzten Urlaub. Nach dem Gespräch wird der Mitarbeiter von einem Kollegen gefragt, was denn die Abteilungsleiterin von ihm wollte. Der Mitarbeiter sagt: »Och, wir haben ganz nett über dies und das geredet. Danach hat sie noch kurz gesagt, dass es ihr auch leidtut, dass der Kunde gestern so gezickt hat.«

Wie bitte? Das kann ja wohl nicht sein! Lisa liest dem Mitarbeiter die Leviten und der glaubt, man habe übers Wetter geredet! Das Peinliche daran: Der Mitarbeiter hat Recht. Wenn Frauen sich schon mal zur Kritik aufraffen, dann versuchen sie oft, diese so schonend anzubringen, dass vor allem Männer das nicht mehr als Kritik, sondern als belanglosen Small Talk oder, schlimmer noch, als Bestätigung ihres Fehlverhaltens interpretieren! Dann geht der Schuss voll nach hinten los.

 Wenn Sie schon kritisieren, dann kommen Sie bitte ohne Umschweife zur Sache.

Zum Beispiel: »Herr Schmitz, wir müssen über Ihr gestriges Kundengespräch reden. Machen Sie die Tür zu, setzen Sie sich bitte. Um es kurz zu machen: Was mir nicht gefallen hat, war … « Das ist nicht unhöflich und nicht hart. Das kann jeder Mitarbeiter wegstecken. Auch wenn es ihm nicht angenehm ist – aber Ihnen ist es ja auch nicht unbedingt angenehm. Vor allem: Diese direkte Ansprache versteht er auch als Kritik! Viele Mitarbeiter fühlen sich auch, pardon, richtig verarscht, wenn Vorgesetzte um den heißen Brei herumreden: »Erst tut sie mir schön und dann packt sie den Knüppel aus, die falsche Natter!« Viele fühlen sich auch richtiggehend auf die Folter gespannt: »Was redet sie denn über Gott und die Welt? Wann kommt der dicke Hammer?« Haben Sie den Mut, Missstände ohne großes Drumherumreden anzusprechen. Mut wird in der Kommunikation immer belohnt.

Reden Sie Klartext!

Frauen möchten selbst bei berechtigter Kritik ihr Gegenüber schonen. Dabei übersehen sie meist den sogenannten Trade-off: Je schonender Sie jemandem etwas sagen, desto unklarer wird Ihre Botschaft. Lisa sagt zum Beispiel: »Herr Schmitz, das Gespräch gestern lief nicht gerade glücklich. Sie waren ein wenig zu schnell unterwegs.« Wissen Sie, was Lisa damit sagen will? Natürlich nicht. Herr Schmitz übrigens auch nicht. Warum redet Lisa nicht Klartext? Weil sie den Mitarbeiter nicht verletzen möchte. Deshalb sagt sie es ihm »durch die Blume« – also so, dass er es nicht versteht.

> **STOP** Sie nützen keinem, wenn Sie um den heißen Brei herumreden.

Sagen Sie lieber in einem Satz, was Sie stört. Die einzige Voraussetzung: Sagen Sie es nicht wie ein Mann. Sagen Sie es vorwurfsfrei. Ein Mann würde sagen: »Schmitz, haben Sie ein Rad ab? Sie

können dem Kunden doch nicht ohne Bedarfsanalyse ein Angebot machen!«

 Wenn Sie nicht als böse Zicke dastehen möchten, verkneifen Sie sich Vorwürfe und Wertungen. Bleiben Sie sachlich. Das heißt: Reden Sie nur über das, was ein unvoreingenommener Dritter hätte wahrnehmen (hören, sehen, riechen ...) können.

»Haben Sie ein Rad ab?« Das kann ein unvoreingenommener Dritter unmöglich beobachten. Was er beobachten konnte, ist zum Beispiel: »Sie haben dem Kunden sofort nach Gesprächsbeginn ein Angebot gemacht. Sie haben keine Bedarfsanalyse vorgenommen. Ich führe den Gesprächsabbruch des Kunden hauptsächlich darauf zurück.«
Verspüren Sie dabei etwa die Lust zum Widerspruch? Nicht wirklich. Der kritisierte Mitarbeiter übrigens auch nicht. Weil er merkte, dass Lisa ihn nicht persönlich angreifen wollte, kratzte er sich am Kopf und meinte: »Ja, klar, das habe ich nachher auch gemerkt. Aber ich habe wirklich geglaubt, dass ich genau weiß, was er braucht!«

Der Bumerang-Effekt

Warum kritisieren Frauen viel zu selten? Auch weil sie den Bumerang-Effekt fürchten. Sie haben Bammel, dass ihre Kritik wie ein Bumerang zurückkommt. Sie fürchten, dass der Kritisierte ausfällig, persönlich, beleidigend, verletzend, ja handgreiflich wird. Diese Furcht ist sehr real. Das heißt aber nicht, dass Sie nicht kritisieren sollen. Das heißt lediglich, dass Sie so kritisieren sollen, dass die Kritik eben nicht wie ein Bumerang zurückkommt.
Die wichtigste Voraussetzung dafür haben Sie bereits erbracht. Erinnern Sie sich (das wäre fein)? Es ist die vorwurfsfreie Artikulation der Kritik.

Wenn Sie keinen Vorwurf machen, rastet auch keine(r) aus.

Der Mitarbeiter in unserem Beispiel eben sagte auf Lisas vorwurfsfreie Kritik hin: »Ja, klar, das habe ich nachher auch gemerkt. Aber ich habe wirklich geglaubt, dass ich genau weiß, was er braucht!« Viele Frauen fühlen sich in der Kritikerrolle so unsicher, dass sie bereits diese harmlose Bemerkung des Kritisierten als Bumerang, als Widerspruch auffassen, einschnappen oder dem Kritisierten ellenlang erklären, warum es so wichtig sei, vor Angebotsabgabe eine Bedarfsanalyse zu machen.
Sie können sich denken, was der Kritisierte darauf denkt und seinen Kumpels erzählt: »Mann, die Alte überreagiert wieder mal mächtig. Hat wohl ihre Tage.«

 Werten Sie alles, was der Kritisierte auf Ihre vorwurfsfreie Kritik hin sagt, bloß nicht als Widerspruch oder Bumerang, sondern einfach als Meinungsäußerung.

Gestehen Sie dem anderen ein Grundrecht zu. Das Grundrecht, eine eigene Meinung zu haben und diese auch zu äußern. Erklären Sie Ihre Kritik daraufhin nicht nochmals, rechtfertigen Sie sich bloß nicht, wiederholen Sie sie auch nicht (weil Sie annehmen, dass beim Kritikpartner der Groschen noch nicht gefallen ist), sondern behandeln Sie seine Meinung so, wie Sie alle Meinungen behandeln: mit Verständnis. Zum Beispiel:
Schmitz: »Ja, klar, das habe ich nachher auch gemerkt. Aber ich habe wirklich geglaubt, dass ich genau weiß, was er braucht!« Lisa: »Ja, das passiert schon mal.«

Wünsch dir was

»So was darf nie wieder vorkommen!« Kennen Sie das? Diese Wendung hört man häufig zum Abschluss einer Kritik. Was soll sie

bewirken? Dumme Frage, natürlich dass das nie wieder vorkommt! Funktioniert das? So gut wie nie.

 Wenn Sie jemanden kritisieren, erzählen Sie ihm nicht, was er *nicht* machen soll. Darauf ist er schon selbst gekommen (er ist ja nicht blöd). Erzählen Sie ihm lieber, was er stattdessen künftig *tun* soll.

Eine Kritik ohne Wunsch, ohne Hinweis auf das Verhalten, das Sie sich statt des kritisierten Verhaltens wünschen, ist vergeudeter Atem. Wenn Sie in der Badewanne singen, ist der Atem sinnvoller verwendet. **Die Bitte nach der Kritik**

Deshalb formuliert Lisa eine kritikabschließende Bitte: »Herr Schmitz, auf Ihren künftigen Berichtsbögen möchte ich sämtliche 37 Fragen unserer Bedarfsanalyse beantwortet sehen. Einverstanden?« Schmitz nickt eifrig, denn er ist froh, dass ihm die Chefin eine Lösung anbietet, statt auf ihm herumzuhacken (wie es Chefs gern machen und das dann für Kritik halten).

Lisas komplette Kritik hat weniger als 60 Sekunden gedauert. Erstaunlich? Nein. Eine korrekte Kritik geht viel schneller als eine destruktive Kritik, weil man sich das ganze Drumherumgerede und die widerwärtigen Widerworte spart. Vor allem ist sie effektiver. Der kritisierte Mitarbeiter hat in den sechs Monaten danach in keinem Gespräch die Bedarfsanalyse »vergessen«.

Übrigens: Wenn Sie wirklich gut sind oder werden wollen oder eine Führungskraft sind oder werden wollen, dann formulieren Sie Ihren Wunsch nicht als Vorgabe, sondern als Vereinbarung. Also nicht: »Herr Schmitz, machen Sie künftig immer eine Bedarfsanalyse«, sondern: »Herr Schmitz, wie können Sie dafür sorgen, dass so etwas nie wieder passiert?« Zugegeben, Zielvereinbarungen (im Gegensatz zu Zielvorgaben) zählen bereits zur Hohen Schule der Kommunikation und Führung (weil frau dafür verhandeln können muss). **Vereinbarung statt Vorgabe**

Doch Vereinbarungen wirken zehnmal besser als Vorgaben, weil sie zehnmal motivierender sind.

Keine Kritik ohne Kontrolle

Wovor haben Sie bei Kritik noch Angst? Viele Frauen fürchten sich vor der fehlenden Wirkung: »Ich kann sagen, was ich will, die machen das immer noch falsch!« Da kritisiert man heute einen Menschen und übermorgen erfährt man, dass er denselben Bock schon wieder geschossen hat.

Sind manche Menschen nicht total rücksichtslos? Nein, sind sie nicht. Sie sind nur vergesslich.

 Wenn Sie sicher sein wollen, dass Ihre Kritik fruchtet, kontrollieren Sie.

Kommen Sie nicht mit Ausreden wie »Wenn ihm das wirklich wichtig wäre, würde er von selbst dran denken!«. Dass solche Sprüche nicht funktionieren, haben Sie sicher selbst schon bemerkt. Wenn Sie möchten, dass Ihre Kritik umgesetzt wird, dann kontrollieren Sie lieber.

Beim Wort »Kontrolle« spüren Sie ein gewisses Unbehagen? Dann wollen wir das böse Wort anders übersetzen: Kontrollieren Sie nicht, sondern schauen Sie beim Kritisierten einfach mal vorbei und erkundigen Sie sich nach der Umsetzung Ihrer Anregung, zum Beispiel: »Na, Herr Schmitz, wie war denn das letzte Kundengespräch? Wie lief die Bedarfsanalyse?«

Wenn Sie so fragen, fasst keine(r) das als Kontrolle auf, sondern ganz im Gegenteil als Interesse an seiner Person und seiner Arbeit und als konstruktive Unterstützung. Das hätten Sie nicht gedacht? Das übersehen die meisten, die sich vor dem Kritisieren und vor Kontrolle fürchten:

 Korrekte Kritik und konstruktive Kontrolle fasst keine(r) als Kritik oder Kontrolle auf, sondern als Interesse an seiner Person und Unterstützung seiner Sache.

Kritik im Überblick

- ❏   Kritik immer asap: as soon as possible.
- ❏   Kommen Sie stets ohne Umschweife zum Thema.
- ❏   Kritisieren Sie vorwurfsfrei nur das, was wahrnehmbar ist.
- ❏   Gestehen Sie dem Kritisierten eine Erwiderung zu.
- ❏   Rechtfertigen Sie sich nicht, sondern zeigen Sie Verständnis für die Erwiderung.
- ❏   Sagen Sie dem Kritisierten nicht, was er nicht mehr machen soll, sondern was er künftig stattdessen machen soll.
- ❏   Kontrollieren Sie den Kritisierten.

Jede Menge Holz, das es bei der Kritik zu beachten gibt? Nicht wirklich. Da alle Punkte einer guten Kritik so einleuchtend sind, werden Sie schon nach einem halben Dutzend Versuchen bemerken, dass Sie die meisten schon ganz automatisch umsetzen. Das ist wie Radfahrenlernen auch: Nach einigen Kilometern muss man nicht mehr daran denken, nicht herunterzufallen ...

Die Angst vor der Retourkutsche

Was fürchten Sie am meisten beim Kritisieren? Die häufigste Antwort: Widerrede und Eskalation. Deshalb lassen wir's oft gleich ganz. Das ist natürlich auch ein Ausweg, das Hintertürchen für Feiglinge sozusagen. Leider belohnt das Leben Feiglinge nicht. Weitaus besser ist es, wenn Sie mit Widerworten umgehen können. Der erste Schritt dafür:

 Stellen Sie sich vor, wie Sie sich fühlen, wenn Sie kritisiert werden.

Wie fühlt sich das an? Sagen Sie etwa: »Toll, dass du mich kritisierst! Los, gib's mir richtig!«? Sicher nicht. Können Sie es deshalb einem Menschen verübeln, wenn er vor dem Hintergrund

dieser Gefühle sein verständliches Unbehagen über Ihre Kritik äußert? Natürlich nicht.

 Wenn Sie kritisieren, gestehen Sie dem Kritisierten auf jeden Fall einen gesunden Unmut zu. Geben Sie ihm die Chance, ein wenig Dampf abzulassen.

Wie reagieren Sie auf seinen Unmut? Rhetorisch unbeschlagene Frauen reagieren mit Betretenheit, Verlegenheit, Panik, Frust, Ärger, Eskalation, Rechtfertigungsarien, Gesprächsabbruch oder passiv-aggressivem Verhalten.

Das ist recht schwach und zeugt auch von einem schwachen Selbstbewusstsein. Seien Sie Frau genug, um für den Unmut eines anderen das aufzubringen, wofür Frauen berühmt sind, nämlich Verständnis: »Ich kann verstehen, dass Sie nicht begeistert sind. Ehrlich gesagt, ich bin es ja auch nicht.« Oder: »Ja, ich weiß, das ist schon eine harte Nuss.«

Verständnis heißt nicht, nachzugeben

Aber Vorsicht: Es gibt einen feinen Unterschied zwischen Verständnis und Nachgeben, den viele Frauen nicht kennen. Sie geben kein Verständnis, sie geben nach: »Ist ja schon gut, ist nicht weiter schlimm, mache ich das eben selber.« Geben Sie nicht nach, seien Sie der Person gegenüber verständnisvoll – aber in der Sache bleiben Sie hart: »Ja, das ist eine ziemliche Umstellung für Sie, das verstehe ich. Aber ich sehe keine andere Möglichkeit. Lassen Sie uns darüber reden, wie Sie es schaffen können.« Dieses Führungsprinzip nennt man übrigens »Fordern & Fördern«.

Wenn es hässlich wird

Die meisten von uns wissen nicht, wie sie reagieren sollen, wenn es hässlich wird. Wenn der andere trotz vorwurfsfreier Kritik und viel Verständnis überschnappt, überreagiert, grob wird, zum Angriff übergeht.

Diese Wissenslücke hält viele Frauen davon ab, berechtigte Kritik zu üben. Dabei ist die Abhilfe relativ einfach:

Tipp Wenn's hässlich wird, kommunizieren Sie mit Nachdruck Ihre Absicht.

Zum Beispiel: »Herr Schmitz, einen Moment mal. Ich merke gerade, dass wir aneinander vorbeireden. Lassen Sie mich deshalb eines unmissverständlich klarstellen: Ich möchte und werde Sie hier nicht in die Pfanne hauen. Das bringt Ihnen nichts und das bringt mir nichts. Was geschehen ist, ist geschehen. Mich interessiert einzig und allein, wie wir ähnliche Fälle künftig vermeiden können. Sagen Sie mir das – und wir beide sind hier in sechzig Sekunden wieder raus!«

Diese bewusst breit angelegte Absichtsklärung wirkt wahre Wunder. Warum? Weil Menschen nur austicken, wenn sie sich *persönlich angegriffen* fühlen. Wenn Sie ausdrücklich erklären, dass genau das *nicht* Ihre Absicht ist, wertet das der andere als Entwarnung. Kommt diese Entwarnung beim ersten Mal nicht an (weil der andere vor lauter Abwehrstarre nicht richtig zuhört), wiederholen Sie es eben so lange, bis beim verängstigten Gegenüber der Groschen fällt. Denn eines ist sicher: Es gibt jemanden, der noch mehr Angst vor Kritik hat als Sie – und das ist der Kritisierte. Selbst große Tiere haben meist Angst vor Kritik (je größer, desto mehr). Nehmen Sie Ihrem Gegenüber diese Angst, verliert jede Kritik ihren Schrecken – für beide!

Eine typische Win-Win-Situation also. Auch etwas, wofür die weibliche Rhetorik berühmt ist.

Absichtsklärung

Der Generalausreder

Manche Kritisierten heben zu langwierigen Rechtfertigungstiraden, endlosen Erklärungen, Ausreden, Beschönigungen und Schwarzer-Peter-Spielen an, wenn Sie sie kritisieren. Weil viele Frauen das fürchten, verzichten sie lieber gleich auf ihre berechtigte Kritik oder schieben sie endlos auf. Viele Frauen hören auch die Tirade und denken dann: »Eigentlich hat er Recht. Das konnte er alles gar nicht wissen.« Reingefallen! Genau das wollte der Tiradeur errei-

chen. Auf Tiraden reinzufallen ist keine besonders kluge Art, damit umzugehen.

Rechtfertigungs-orgien sollten Sie schnell beenden

Machen Sie der Rechtfertigungsorgie lieber ein schnelles Ende. Sie wissen auch schon, wie. Wie? Indem Sie den Grund der Tirade beseitigen. Warum tiradisiert der Kritisierte? Richtig, weil er sich angegriffen fühlt. Also bringen Sie einfach Ihre Absichtserklärung von oben an. Unterbrechen Sie seine Tirade ruhig damit. Er wird auf eine Fortsetzung derselben verzichten, wenn Sie Ihre Absicht überdeutlich erklären: »Ich weiß doch, dass Sie Ihre guten Gründe dafür hatten. Sie müssen mir das nicht erklären, ich glaube Ihnen das längst. Und jetzt lassen Sie uns über Lösungen reden. Was schlagen Sie vor?«

Das machen Sie so oft, bis er anfängt, lösungsorientiert zu denken und zu reden.

Kritik in komplexen Fällen

In unserer komplexen Welt ist Kritik selten simpel und einfach. So vieles hängt mit so vielem zusammen.

Deshalb kommt es vor, dass Sie im Kritikgespräch vom Hundertsten ins Tausendste kommen, den Faden verlieren, immer mehr verbesserungsbedürftige Verhaltensweisen und deren Einflussfaktoren einbeziehen (müssen). Auf diese Weise zerredet man die Lösung – und wundert sich hinterher, warum die Kritik nicht gefruchtet hat.

 Tipp Bei der Kritik kommt es nicht auf die Kritik, sondern auf die Lösung an. Fassen Sie am Ende Ihrer Kritik die vereinbarte Lösung in einem Satz zusammen. Ist sie dafür zu umfänglich, sollten Sie die Lösung notieren und dafür sorgen, dass Ihre und des Kritisierten Notiz übereinstimmen.

Wenn der Kritisierte bockt und trotzt

»He du dumme Sau, was soll der Scheiß? Dass mir das nie wieder vorkommt!« – »Jaja, mach nicht so einen Wind. Geht schon klar.« Können Sie aus diesem Dialog auf das Geschlecht der Dialogpartner schließen? Aber mit verbundenen Augen! Das sind beides Männer. Männer kritisieren in diesem herzlichen Ton. Wenn das eine Frau machen würde, würde der dritte Weltkrieg ausbrechen ... Von echter Gleichberechtigung sind wir Lichtjahre entfernt. Viele Männer akzeptieren Kritik von Frauen nämlich selbst dann nicht, wenn sie perfekt vorgetragen wird, eben weil sie eine Frau ist. Sie bringen dann jede Menge fauler Ausreden vor: »Aber das ist doch kein Problem!«, »Ja, schon, aber so schlimm war das doch jetzt nicht!«, »So geht es doch allen, da kann man halt nix machen!«, »Ich schaffe das einfach nicht!« Kommt Ihnen bekannt vor? Richtig, diese Ausredenmasche können Sie ganz wunderbar mit der ERLFA-Strategie (s. Kapitel 8) aushebeln.

Faule Ausreden

Kritik-Quiz

Bei diesem Quiz gibt es kein Geld zu gewinnen, sondern etwas, das viel wertvoller ist: Kritikkompetenz. Die folgenden Kritiken sind, wie Sie unschwer erkennen werden, fehlerhaft. Finden Sie jeweils den Fehler:

1. »Ständig trinkst du die Kaffeekanne leer und machst keinen neuen!«
2. »Sie haben Punkt 24 vergessen. Sie denken einfach nicht mit!«
3. »Sie beraten einfach nicht kundenorientiert genug.«
4. »Sie haben in den letzten Tagen starken Körpergeruch. Sie sollten mal das Deo wechseln!«

Die Auflösung

1. Ständig, immer, nie, dauernd, jedes Mal ... Das sind alles Generalisierungen, die Ihnen selbst auch sauer aufstoßen. Also warum sollte es dem Kritisierten anders gehen? Vorwurfsfreie

Kritik bedeutet, auch solche Generalisierungen zu vermeiden. Außerdem fehlt dieser Kritik der richtungweisende Wunsch: »Bitte mach frischen, wenn du den letzten Kaffee trinkst!«

2. Das ist ein Vorwurf, eine Unterstellung, eine Beleidigung und gleichzeitig eine Fehlannahme, die eine Eskalation provoziert. Warum machen wir Vorwürfe? Weil wir sauer sind. Wer sauer ist, sollte keine Vorwürfe machen. Wer sauer ist, sollte das ganz einfach klipp und klar per Ich-Botschaft sagen: »Ich bin echt sauer, dass das passiert ist.« Daraufhin bleibt die Eskalation, der Konflikt, aus. Warum? Weil Ich-Botschaften im Gegensatz zu Vorwürfen nicht provozieren und dabei dasselbe sagen.

3. Was soll diese Pauschalkritik? Was heißt »nicht kundenorientiert genug«? »Ach, der Pappenheimer weiß schon, was ich damit meine!« Das ist die Ausrede aller Pauschalkritiker. Mal ehrlich, Sie hassen es doch auch, wenn man(n) Sie pauschal kritisiert. Also tun Sie das bitte auch nicht anderen an. Wenn Sie Feedback geben, dann bitte immer klar, knapp und vor allem konkret.

4. Zugegeben, ein anrüchiges Kritikthema. Viele leiden unter Kollegen mit Körpergeruch, trauen sich jedoch nicht, das Tabuthema anzusprechen, oder setzen sich dabei in die Nesseln. Denn mit Mutmaßungen (»Nehmen Sie mal ein anderes Deo«) machen Sie die Sache nur noch schlimmer – auch wenn Sie es nur gut meinen. Der schlimmste Feind von gut ist gut gemeint. Mutmaßen Sie nicht, sondern fragen Sie: »Sie haben starken Körpergeruch. Ist Ihnen das schon aufgefallen?« Oder bitten Sie: »Können Sie das abstellen?« Damit verurteilen Sie nicht oder spielen sich als Besserwisser auf, sondern bieten dem anderen ein konstruktives Gespräch oder zumindest eine verständliche, vorwurfsfreie Bitte an.

Kritik tut gut!

Kritik ist eine lustige Sache: Wir müssen sie meist erst erlernen wie eine Fremdsprache auch. Nur dass Sie diese Fremdsprache schon

binnen einer Woche fließend sprechen werden – und damit sehr viel mehr Spaß haben als mit den meisten echten Fremdsprachen. Denn für viele Frauen bedeutet Kritikkompetenz den Ausbruch aus einer jahrelangen Gefängnishaft. Viele berichten mir:

❏ »Es tut so gut, endlich den Mund aufzumachen. Ich fühle mich nicht mehr so oft klein und überfahren.«

❏ »Total überrascht hat mich, dass ich, seit ich konstruktiv kritisiere, viel öfter nach meiner Meinung gefragt werde, weil die Leute eben wissen, dass ich es gut meine.«

❏ »Wer kritisiert, wird respektiert.«

❏ »Ich kann mit konstruktiver Kritik meinen Kollegen und Mitarbeitern helfen! Das finde ich prima!«

❏ »Es tut einfach gut, die eigenen Wünsche nicht mehr zu unterdrücken.«

Klingt gut und macht Mut, finden Sie nicht auch?

Das ist Befreiung!

10   Wie gut vertragen Sie Kritik?

*Wenn ein Mann kritisiert wird, stellt er sich auf die Hinterbeine.
Wird eine Frau kritisiert, geht sie in die Knie.*
Gerhard Merz, Personalleiter

Das Mag-mich-Gen

Wie gut vertragen Sie Kritik? Die meisten Frauen fühlen sich verletzt, wenn sie kritisiert werden. Geht Ihnen oft auch so? Warum ist das so? Weil Frauen anders sind als Männer. Sie haben andere Gene, zum Beispiel das Mag-mich-Gen. Dieses Gen löst den inneren Zwang aus, sich ständig unbewusst zu fragen: »Mag der/die mich? Was kann ich tun, damit er/sie mich mag?«

Wie gut vertragen Sie Kritik?

Deshalb reagieren Frauen selbst auf berechtigte Kritik sehr empfindlich, verletzt, emotional – denn für sie bedeutet Kritik automatisch: »Oje, er/sie mag mich nicht mehr!« Viele fühlen sich auch von sachlicher und vorwurfsfreier Kritik getroffen – was Männer regelmäßig in den Wahnsinn und die Beziehungsflucht treibt und zu kafkaesken Dialogen führt, in denen sich die großen Satiriker gern ergehen. Frei nach Loriot:

»Das Ei ist heute richtig heiß.« »Ich kann es dir nie recht machen. Einmal ist das Frühstücksei zu heiß, dann wieder zu kalt. Wie hätte es der gnädige Herr denn gern? Du hast mir in der Küche ja noch nie was zugetraut!« »Das habe ich doch gar nicht gemeint! Ich mag mein Frühstücksei doch heiß! Muss ich mir denn jedes Wort dreimal überlegen, wenn ich mit dir rede?«

Das heiße Ei

Ja, lieber Mann, das musst du, denn du redest zu (d)einer Frau. Und was Kritik anbelangt, sind wir so empfindlich wie die Prinzessin auf

der Erbse. Wir hören Kritik selbst da, wo keine ist. Eine beachtliche und bisher von keinem anderen Lebewesen erreichte Leistung.

Männer bellen, Frauen kuschen

Wenn ein Mann kritisiert wird, denkt oder sagt er: »Okay, das ging daneben«, »Stimmt doch gar nicht! Das war doch ganz anders!« oder »Was bildet dieser Penner sich eigentlich ein? Der hat doch keine Ahnung!«

Wird eine Frau kritisiert, denkt sie genauso spontan und unbewusst: »Was hab ich jetzt schon wieder falsch gemacht? Warum ist er/sie so böse zu mir? Was hat er/sie nur gegen mich? Jetzt mag er/sie mich nicht mehr! Das ist alles ganz schrecklich! Keiner hat mich lieb!«

Aus diesem Grund entschuldigen und rechtfertigen sich Frauen auch dann, wenn keiner einen Vorwurf erhoben hat: Sie möchten um tatsächlich jeden Preis, auch den Preis der Selbstaufgabe, gemocht werden und nehmen deshalb prophylaktisch die Schuld auf sich, entschuldigen sich quasi vorbeugend, auch ohne konkreten Anlass. Selbst die harmloseste Kritik trifft viele Frauen hart, weil die Erziehung von Mädchen auch noch im 21. Jahrhundert darauf abgestellt ist, ihnen beizubringen, es möglichst allen recht zu machen. Das führt dazu, dass oft genug das komplette Selbstwertgefühl von Frauen von der Erfüllung der (unterstellten!) Erwartungen anderer abhängig ist – nach dem Prinzip: »Geht es ihm/ihr gut, geht es auch mir gut. Mag er/sie mich, dann mag ich mich auch.« Mit dieser Einstellung im Hinterkopf kann frau eigentlich nur neurotisch werden. Ein Aspekt dieser tief sitzenden Neurose ist die verbreitete Unfähigkeit, angemessen mit Kritik umzugehen. Männer nennen das Kritikunfähigkeit.

Kritikunfähigkeit

Werden Frauen kritisiert, reagieren sie selbst in Führungspositionen oft genug eingeschnappt, zickig, defensiv, passiv-aggressiv, depressiv, frustriert. Sie überreagieren, kämpfen mit den Tränen, verstum-

men plötzlich, verteidigen oder rechtfertigen sich vehement, laufen rot oder weiß an oder laufen raus. Deshalb lautet das häufige Urteil von (vorgesetzten) Männern über berufstätige Frauen: »Bringt gute Leistungen, aber verträgt nicht die kleinste Kritik.«

Die »typische« Frau reagiert bereits auf moderate Kritik äußerst empfindlich. Und nun stellen Sie sich diese Frau mal in der Männerwelt vor, in der es moderate Kritik nicht gibt. Männer kritisieren nämlich stets volle Kanne, total überzogen, persönlich, beleidigend und unfair (aus Sicht der Frau). Wenn eine Frau schon bei moderater Kritik einknickt, dann ist das Leben in der männlichen Kritikwelt für viele Frauen die Hölle auf Rädern.

Und doch: Kritikfähigkeit ist absolut notwendig, wenn Sie es im Beruf zu etwas bringen möchten. Damit meine ich noch nicht einmal Karriere oder Erfolg, sondern allein schon das seelische Überleben, Gesundheit und Arbeitszufriedenheit. Das alles ist unerreichbar, wenn und solange Sie nicht angemessen mit Kritik umgehen können. Wie geht das?

> **Männer kritisieren überzogen, persönlich, beleidigend**

Hören Sie auf, Kritik zu provozieren!

Richtig gelesen, viele Frauen leiden unter Kritik, die sie selbst provoziert haben – natürlich völlig unbewusst.

> **z.B.** Alice ist ein Beispiel dafür: »Als Einkäuferin eines von männlichen Ingenieuren geführten und dominierten Investitionsgüter-Herstellers habe ich früher bis zum Abwinken bei Erstkontakten die Frage gehört: ›Können Sie das überhaupt (als Frau)?‹« Dazu muss man wissen, dass Alice sehr jung aussieht, sich gern modisch kleidet, stets mit freundlichem Lächeln auftritt und von der ersten Minute rhetorisch um einen guten Kontakt zum jeweiligen Gesprächspartner bemüht ist. Damit wirkt sie sympathisch – aber eben nicht business-tough, ingenieursmäßig, werkstatterfahren! Mit ihrer »netten« Art hat sie unbewusst jene Kritik selbst provoziert, unter der sie jahrelang litt.

> Seit wir im Coaching diesen fatalen Zusammenhang klären konnten, hat sie rhetorische Gegenmaßnahmen ergriffen und stellt sich nun anders vor: »Guten Tag, ich bin Alice Breitschmitt. Ich leite seit sechs Jahren alle Verhandlungen unseres Unternehmens für Spezialwerkzeug über 50 000 Euro Einkaufswert.« Dieser rhetorisch geschickte Verweis auf Alices Erfahrung, Kompetenz und Vollmacht, vorgetragen ohne Lächeln in einem businessmäßigen, seriositätstriefenden Ton, lässt die versteckte Kritik an ihrer Person und Fachkenntnis erst gar nicht aufkommen: »Keiner, dem ich mich so vorgestellt habe, hat seither die Frage gestellt, ob ich das überhaupt kann.«

Das ist gute Rhetorik: Sie wirkt.

 Wann werden Sie kritisiert? Womit könnten Sie die Kritik provoziert haben? Stellen Sie die Provokation ab. Nehmen Sie Kritikern von vornherein den Wind aus den Segeln.

Nehmen Sie Kritikern den Wind aus den Segeln

Beugen Sie ungerechtfertigter Kritik rechtzeitig vor. Impfen Sie sozusagen Ihre Gesprächspartner gegen Kritikgelüste. Jede Kritik, die Sie verhindern, belastet Sie nicht mehr.

Beugen Sie der Kritik vor

- ❑ Fragen Sie sich regelmäßig: Wie wirke ich auf andere?
- ❑ Machen Sie die Antwort nicht von Ihrem Schminkspiegel abhängig, sondern von der beobachtbaren Reaktion anderer auf Sie. Die ist nämlich hundertmal wichtiger als Make-up, Frisur, Figur und Kleidung.
- ❑ Beobachten Sie Ihr eigenes Verhalten und Ihre Wirkung auf andere vor allem in Situationen, in denen Sie kritisiert werden.

- ❏ Fragen Sie sich: Was kritisieren andere an mir?
- ❏ Fragen Sie weiter: Womit könnte ich diese Kritik provoziert oder zumindest gefördert haben? Was habe ich versäumt, um dieser Kritik vorzubeugen?
- ❏ Wenn Sie unsicher sind: Fragen Sie die beste Freundin oder andere Vertraute: Was trage ich zu dieser Kritik bei?
- ❏ Durch welche sprachliche und körpersprachliche Rhetorik können Sie diesem Eindruck und damit der Kritik vorbeugen?

Praxisbeispiel: Kritik vorbeugen

z.B. Sigrid hört immer wieder »hintenrum«, dass manche Kolleginnen und Kollegen sie für eine »eingebildete Zimtzicke« halten. Sie findet das sehr verletzend, kommt aber nicht darauf, womit sie diesen Eindruck provoziert. Ihre beste Kollegin klärt sie auf ihre Nachfrage hin auf: »Wenn jemand zum Beispiel einen Vorschlag macht, verziehst du keine Miene, und wenn du dann was sagst, weist du immer erst auf einen offensichtlichen Fehler oder Nachteil hin.«

Sigrid erschrickt sehr: Ihr ist das noch nie aufgefallen! Doch wenn sie sich vorstellt, wie sie selbst auf dieses ungewollt ablehnende Verhalten reagieren würde, würde sie das auch arrogant finden. Also arbeitet sie jetzt daran, anderen freundlicher zuzuhören (unterstützende Mimik) und Feedback immer mit einer positiven Rückmeldung zu beginnen, zum Beispiel: »Gute Idee. Das sollten wir unbedingt machen. Was mir dazu einfällt: Wir sollten vor allem die Finanzierung gut absichern.« Das ist weniger arrogant als: »Wie willst du das denn finanzieren?« Das Feedback der Kollegen, Kunden und Vorgesetzten wird in den Wochen nach Sigrids rhetorischer Wandlung besser: »Guck an, die Sigrid taut langsam auf.«

Erste Hilfe bei Kritik

Lassen Sie sich von Kritik rasch einschüchtern? Das ist normal. Schon beim kleinsten bösen Wort reagieren wir meist verletzt, betroffen, verlegen oder frustriert. Selbst wenn die Kritik ungerechtfertigt ist! Das ist gar nicht so verwunderlich. Denn Frauen hören bei Kritik nicht zuerst auf die Sachinformation, sondern auf die vermeintliche (!) Beziehungsbotschaft: »Ich hab dich nicht mehr lieb!« Solange wir mit dieser Fehlattribution im Hinterkopf durchs Leben gehen, wird uns jede noch so sanfte Kritik verletzen. Deshalb:

So sollten Sie mit Kritik umgehen

- ❏ Machen Sie sich bei Kritik Ihre Gefühle bewusst. Kritik ist nämlich nur dann verletzend, wenn wir uns dieser Gefühle nicht bewusst sind.
- ❏ Beschreiben Sie das bewusst gemachte Gefühl gedanklich: »Er hat was gegen mich!« oder »Sie ist böse auf mich!«
- ❏ Hinterfragen Sie diese Gefühlsbeschreibung: Stimmt das wirklich? Hat er/sie das wirklich *gesagt*? Hat er/sie das tatsächlich *gemeint*? Hat er/sie wirklich gesagt und gemeint, dass er/sie mich nicht mehr lieb hat?
- ❏ Wenn Sie auf diese Weise Ihren gesunden Frauenverstand wieder einschalten, wird dieser Ihnen zuverlässig antworten: »Nein, Schätzchen, genau das hat er/sie nicht gesagt. Er/sie ist einfach nur aufgebracht, weil etwas schiefgelaufen ist. Das wärst du in seiner/ihrer Lage auch. Das hat nichts damit zu tun, ob er/sie dich lieb hat oder nicht.« Der gesunde Menschenverstand hilft über neurotische Gefühle hinweg – Sie brauchen ihn nur einzuschalten!
- ❏ Trennen Sie ganz bewusst die Sach- von der Beziehungsebene, indem Sie sich fragen: Um welche Sache geht es eigentlich? Welches ist das konkrete Sachproblem hinter der Kritik? Worum geht es? Diese Aufmerksamkeitslenkung auf den Sachkern der Kritik lässt lästige Gefühle schnell verstummen, weil der menschliche Geist sich nicht auf zwei Dinge gleichzeitig konzentrieren kann (entgegen landläufiger Meinung auch der weibliche Geist nicht).

❏ Besonders wirksam ist die sogenannte paradoxe Intervention: *Begrüßen* Sie jede Kritik innerlich ausdrücklich: »Toll, jemand kritisiert mich! Jetzt kann ich üben, mit Kritik besser umzugehen!« Das hört sich paradox an (darum heißt die Intervention so), doch unser Verstand und unsere Gefühle arbeiten paradox: Das Begrüßen von Katastrophen hat eine unglaublich befreiende Wirkung. Probieren Sie's aus! Sie werden erstaunt und erfreut sein, wie sehr es innerlich befreit, Kritik willkommen zu heißen. Warum funktioniert das? Das Zauberwort heißt Akzeptanz: Sie können nur verändern, was Sie akzeptieren. Abwehr und Verdrängung verstärken jedes Problem nur noch (aber erzählen Sie das keinem Mann; Männer sind Meister der Verdrängung).

Das geht alles gar nicht so schnell und so leicht, wie sich das anhört? Das haben Sie gut bemerkt. Das verschweigen die meisten Ratgeber leider. Dabei ist der Zeitaufwand nicht weiter schlimm: Für Ihre Tennis-Rückhand oder die neue Step-Choreographie im Studio brauchen Sie auch ein paar Übungs- oder Trainerstunden. Dabei ist Kritikfähigkeit viel wichtiger und vor allem sehr viel nützlicher für Ihre Gesundheit als Tennis oder Step Aerobic.

 Schwimmen lernt man nur beim Schwimmen. Kritikfähig werden Sie nur, wenn Sie Kritik aushalten, begrüßen – und fleißig die eben skizzierten Techniken ausprobieren.

Frauen im Abseits

Den meisten berufstätigen (und anderen) Frauen ist nicht bewusst, wie schädlich es ist, sich vor Kritik zu fürchten. Eben weil Kollegen, Mitarbeiter und Vorgesetzte sehr schnell mitbekommen, dass viele Frauen (für Männer) unvorstellbar empfindlich auf die kleinste Kritik reagieren, werden Frauen in der Folge oft von Kritik verschont. Man überlegt es sich eben zweimal, bevor man »der

Zicke« erzählt, wo sie wieder Mist gebaut hat – man weiß ja, wie die Alte dann immer austickt. Ist diese Kritikschonung nicht gut? Das glauben viele Frauen: »Endlich Ruhe vor den ewigen Nörglern.« Tatsächlich ist diese Ruhe eine Grabesruhe; Kritikschonung ist der Kuss des Todes.

Wer nicht kritisiert wird, lernt nichts aus seinen Fehlern

Wenn eine Frau nicht kritisiert wird, lernt sie nichts über ihre Fehler, Irrtümer und den Ruf, den sie bei anderen hat, kann also auch nicht besser werden oder eigene Fehler abstellen und wird allmählich aus der informellen Arbeitsgemeinschaft ausgeschlossen. Zuerst kritisiert man die »zickige« Kollegin nicht mehr, dann redet man auch anderweitig weniger mit ihr, was sie noch »zickiger« macht, weshalb man noch weniger mit ihr redet – bis sie völlig isoliert, desinformiert, unglücklich und vor allem nicht mehr leistungsfähig ist. Unter dieser typischen Frauenkrankheit leiden paradoxerweise auch viele Chefs. Daher der Spruch: Oben ist es einsam! Da schlechte Chefs cholerisch oder neurotisch auf Kritik reagieren, kritisiert und informiert sie bald niemand mehr, weshalb sie schnell isoliert sind und einsame Entscheidungen treffen, die viel Geld und Renommee kosten.

 Tipp Kritik ist manchmal übel. Doch egal, wie übel sie ist, sie ist stets das kleinere Übel!

Nicht kritisiert zu werden ist das weitaus größere Übel. Sie sollten sich keinerlei Sorgen machen, wenn Sie kritisiert werden. Wenn Sie kritisiert werden, ist alles in Ordnung. Sie sollten sich lieber Sorgen machen, wenn Sie mal einige Tage nicht kritisiert werden. Dann ist nämlich etwas mächtig faul ...

Sind Sie eine Kritik-Zicke?

Wenn Sie bei Kritik zur Ersten Hilfe greifen (s.o.), werden Sie automatisch die schlimmsten Fehler vermeiden können. Die Erfahrung zeigt jedoch, dass es manchmal sehr hilfreich ist, die schlimmsten Fehler zu kennen, um sie auch tatsächlich vermeiden zu können:

❑ Frauen reagieren auf Kritik gern mit Selbstzerfleischung, Überdramatisierung, Mea-Culpa-Attitüden, Rechtfertigungen und Selbstvorwürfen: »Oh Gott, das ist mir jetzt aber peinlich! Das hätte mir nicht passieren dürfen!« Lassen Sie das! Selbstzerfleischung zerstört zum einen Ihr Selbstwertgefühl und befremdet zum anderen den Kritiker: »Was hat die Alte denn? Rastet ja völlig aus!« Deshalb:

 Seien Sie bei Kritik nicht dramatischer als der Kritiker selbst.

❑ Das heißt: Achten Sie genau darauf, wie dramatisch der Kritiker die Kritik nimmt – und spiegeln Sie diesen Dramagrad exakt wider. Das nennt man Pacing.

❑ Pflegen Sie gegenüber Kritik eine gesunde Einstellung. Am besten vor Überdramatisierung schützen Einstellungen wie: Shit happens! Fehler passieren! Irren ist menschlich! Alles halb so schlimm! Fehler muss man und frau wegstecken können, ohne einen Zusammenbruch zu kriegen. Das ist lediglich eine Sache der Übung. Üben Sie.

❑ Antworten Sie auf Kritik möglichst wenig emotional. Frauen reagieren normalerweise auf Kritik total emotional, zum Beispiel: »Entschuldige, aber ich habe grad eben keine Zeit dafür, dafür kann ich doch nichts, ich weiß doch auch nicht, wo mir der Kopf steht!« Männer denken darauf meist und sagen es glücklicherweise auch manchmal: »Hör doch auf zu heulen, Mädchen!« Bei Kritik gleich loszujammern ist zwar »typisch Frau« – schadet der Frau selbst aber am meisten. Warum sollten Sie sich selbst schaden wollen?

❑ Heißt das, Sie sollen Ihre aufkommenden Emotionen einfach unterdrücken, wenn Sie kritisiert werden? Nein, Sie sind ja kein Mann. Lassen Sie ruhig Dampf ab. Aber nicht, indem Sie sich selbst zerfleischen, sich rechtfertigen oder jammern, sondern indem Sie Ihren Frust auf die Sache lenken: »Verdammter

Ihre Reaktion auf Kritik: Vermeiden Sie diese Fehler

Hühnermist, warum zum Kuckuck gibt es eigentlich immer damit diese lästigen Probleme?!« Das befreit besser als Jammern und baut Ihr Selbstbewusstsein auf, anstatt es zu zerstören.

❏ Nehmen Sie nach Kritik niemals die Schuld auf sich! »Jaja, da ist mir ein Fehler passiert!« Das erwartet keiner. Das bringt keinem was. Das löst das Problem nicht! Bleiben Sie auf Kritik hin immer sachlich: »Stimmt, das darf nicht sein, das stelle ich sofort ab.« Auf Kritik sachlich zu bleiben ist ein Kunststück – aber nicht halb so kunstvoll, wie Kinder in die Welt zu setzen.

Sie haben sich in vielen Kritikfehlern selbst erkannt? Gut so. Selbsterkenntnis ist der erste Schritt zur Besserung. Arbeiten Sie behutsam und geduldig an diesen Schwachpunkten. Erwarten Sie keine Wunder. Feiern Sie jede kleine Verbesserung als echten Erfolg. Verhalten können Sie nämlich entgegen der landläufigen Meinung nicht mit einem Schlag ändern, sondern immer nur in kleinen Schritten.

Kritik für Fortgeschrittene

Es gibt Frauen, an denen perlt Kritik ab wie an einem Regenmantel. Manchmal trifft man sie in gut geführten Reklamationsstellen von Unternehmen: Egal, wie sehr der Kunde sie auch beschimpft, sie bleiben stets cool und freundlich. Auch Sie kennen so eine Teflonfrau? Wie macht die das? Ganz einfach:

 Wenn Sie möchten, dass keine Kritik Ihnen jemals wieder etwas anhaben kann, wenn Sie im Gegenteil mit jeder Kritik sogar mächtig viel Freude haben möchten, dann bestätigen Sie den Kritiker überproportional!

Damit wir uns richtig verstehen: Bestätigen heißt nicht Recht geben oder sich selbst vors Schienbein zu treten. Betrachten wir ein Beispiel.

 Lena Müller ist Assistentin der Geschäftsführung und mit einem Marktbericht in Verzug. Ihr Chef faltet sie eines Dienstagmorgens nach allen Regeln der Chefrhetorik zusammen:

»Frau Müller, sind Sie bei der Arbeit eingeschlafen oder was? Wo bleibt mein Bericht?« »Chef, was soll ich sagen, ich bin außer mir vor Wut.« (Ist sie nicht, sie bestätigt lediglich die Emotionen ihres Chefs überproportional; Stichwort Pacing.) »Die Schlafmützen von der Marktforschung lassen mich seit Tagen hängen. Aber Sie haben natürlich Recht: So geht das nicht. Ich geh gleich rüber und mache denen mächtig Dampf unterm Hintern.« (Will sie nicht und macht sie nicht, doch der Chef empfindet so, also spiegelt sie seine Intention überlebensgroß.)

Der Chef steht sprachlos da, schluckt kurz und sagt: »Na, so wild ist es auch nicht. Seien Sie nicht zu grob zu den Zahlenknechten. Es reicht auch noch bis Donnerstag.«

 Sie nehmen jedem Kritiker den Wind aus den Segeln, wenn Sie sein Anliegen, seine Interessen, Motive und Gefühle XXL aufblasen.

Wie gesagt: Das ist Kritiknahme für Fortgeschrittene. Dafür braucht es eine Handvoll Übungsanläufe – doch danach werden Sie mächtig Spaß mit Kritik haben. Denn jeder Kritiker gibt sofort klein bei, wenn er merkt, dass Sie nicht abblocken oder die beleidigte Leberwurst spielen, sondern ihn ernst nehmen und voll hinter seinen Interessen stehen.

Was lernen Sie daraus?

Am weiblichen Führungs- und Lebensstil wird oft und gern die starke Emotionalität gepriesen. Dabei weiß jede Frau: Diese Emotionalität ist manchmal ein echtes Kreuz.

> **STOP** Je emotionaler Sie auf Kritik reagieren, desto weniger lernen Sie daraus.

Veronika zum Beispiel bricht fast in Tränen aus, als ein Kollege über ihr aktuelles Konstruktionsprojekt lästert: »Das haut nie hin! Die Konstruktion trägt das nicht!« Sie rastet danach im Gespräch mit der Bürokollegin völlig aus: »Wie kann er so was Gemeines sagen? Er weiß doch, wie viel Herzblut ich da reinstecke! Soll er doch selbst die undankbare Aufgabe machen!«

Je emotionaler Veronika reagiert, desto stärker verdrängt sie den Anlass der Aufregung – die normale psychologische Reaktion. Sie nimmt die Kritik persönlich und reagiert aufgebracht – anstatt was daraus zu lernen! Natürlich übertreibt der lästerliche Kollege, doch:

>   Ein Körnchen Wahrheit steckt in der fiesesten Kritik.

Wenn Veronika über die überzogene Kritik nachdenken würde, anstatt sich aufzuregen, würde sie nämlich darauf kommen, was ein späterer Crashtest auf für sie peinliche Weise zutage fördert: Bei starker Zuladung trägt Veronikas Konstruktion tatsächlich nicht die auftretende Belastung.

>   Regen Sie sich über Kritik ruhig auf – und dann schalten Sie Ihren Verstand wieder ein und fragen sich: Wo ist das Körnchen Wahrheit?

Sie können Kritik erst dann guten Gewissens ad acta legen, wenn Sie Ihre Lehre daraus gezogen haben.

Pauschalkritik

Es gibt viele Methoden, seinem Nächsten auf den Geist zu gehen. Eine der wirksamsten ist die Pauschalkritik, der sich insbesondere Vorgesetzte gern bedienen:

- ❏ »Nie können Sie was richtig machen!«
- ❏ »Sie haben das ja noch nie hingekriegt!«
- ❏ »Sie sind immer so schnippisch mit den Kunden!«
- ❏ »So geht das aber nicht. Das habe ich mir ganz anders vorgestellt!«
- ❏ »Sie sind einfach nicht tough enough fürs Business!«
- ❏ »Als Frau haben Sie doch keine Ahnung!«

Pauschalkritik ist unfair und verletzend

Männer halten diese Verbalinjurien tatsächlich für legale Meinungsäußerungen. Das sind sie nicht. Es sind Angriffe auf die Menschenwürde, die gegen das Grundgesetz verstoßen (»Die Würde des Menschen ist unantastbar«) und nur deshalb nicht verfolgt werden, weil man sonst allein in Deutschland 30 Millionen Männer täglich verklagen müsste.

Warum ist Pauschalkritik immer und in jeder Form verletzend und unfair? Weil der Kritisierte aber auch gar nichts damit anfangen kann. Eben weil die Kritik dafür zu pauschal, einfach nicht konkret genug ist. Was heißt schon schnippisch? Was wäre nicht schnippisch? Was heißt nicht tough enough? In welcher Form? Wann? Jede Kritik, bei der der Kritisierte nicht weiß, was er denn jetzt ändern soll, sollte eigentlich vom Den Haager Gerichtshof für Menschenrechte geächtet werden. Solange das nicht passiert, müssen Sie mit der unverschämten Kritik irgendwie zurechtkommen. Wie?

Wenn Ihnen einer dumm kommt

Jeder, der sich einer Pauschalkritik bedient, sagt damit auf gut Deutsch: »Ich kann nicht kritisieren. Ich bin kritikinkompetent!« Doch diese Selbstbezichtigung nützt Ihnen leider nichts. Mit der unverschämten Pauschalkritik müssen Sie trotzdem irgendwie zurechtkommen. Viele Frauen sind starr vor Entsetzen, wenn sie pauschal kritisiert werden: »Oh Gott, was mache ich bloß falsch?« Das ist eine verständliche Reaktion. Leider hilft sie Ihnen nicht. Was dagegen hilft:

So reagieren Sie auf Pauschalkritik richtig

- ❏ Leiden Sie nicht stumm unter Pauschalkritik, sondern ordnen Sie sie innerlich als das ein, was sie ist. Sagen Sie sich gedanklich: »Das ist Pauschalkritik und eine Unverschämtheit. Dafür gibt es keine Entschuldigung.«
- ❏ Entschuldigen Sie sich deutlich (weil Frauen auch bei unfairer Kritik oft unbewusst eine Teilschuld übernehmen): »Nicht ich habe das Problem, sondern er/sie. Auch wer kritisiert, muss sich an Regeln halten.«
- ❏ Konkretisieren Sie Pauschalkritik sofort. Das ist Ihre einzige Chance, aus der üblen Kiste rauszukommen. Die beste Konkretisierungsfrage lautet: »Was genau meinen Sie mit ... (den pauschalen Gegenstand der Kritik nennen)?«
- ❏ Wenn der Mobber daraufhin wirres Zeug stammelt, dann bestätigt er damit, dass kein konkreter Anlass hinter seiner Mobberei steckt, sondern nur ein intriganter Geist und eine schlechte Kinderstube. Seine vorgebliche Kritik ist also völlig gegenstandslos und aus der Luft gegriffen. Diese Erkenntnis wird Sie ungemein befreien.
- ❏ Kann der Pauschalkritiker seine Kritik konkretisieren, erleben Sie ebenfalls eine große Erleichterung: Jetzt wissen Sie wenigstens, wo das Problem liegt, was er tatsächlich meint. In der Regel ist der konkrete Anlass viel weniger bedrohlich als die Pauschalkritik selbst. Denn konkrete Anlässe können Sie abstellen.

❑ Um diese Kritik künftig zu vermeiden, stellen Sie die Erwartungsfrage: »Was erwarten Sie jetzt? Was konkret soll anders werden? Was soll wie aussehen?« Fragen Sie so lange nach, bis Sie genau wissen, was konkret er/sie sich vorstellt.

❑ Danach können Sie immer noch für sich entscheiden, ob Sie dieser Erwartung nachkommen können oder wollen.

Nachdem Sie das Konkretisieren von Pauschalkritik etwas geübt haben, erledigen Sie diese Art unangenehmer Kritik in Sekundenschnelle: Jemand quatscht Sie doof von der Seite an, Sie stellen ein, zwei Konkretisierungsfragen, checken die Erwartungen des Kritikers ab – und gehen dann zur Tagesordnung über. Sie werden sich durch diese Vorgehensweise emotional immens entlastet fühlen. Darüber hinaus bemerkt der Kritiker, dass Sie auch unter Beschuss souverän, selbstbewusst und selbstsicher bleiben.

Perfektionisten sind die schlimmsten Kritiker

Der Abteilungsleiter sagt zu Monika: »Ihre Projektidee ist völlig untauglich.« Monika ist am Boden zerstört. Sie heult sich bei einer Kollegin aus: »Nie kann man es ihm recht machen! Er ist ein solcher Perfektionist!« Aha, und warum behandelt ihn Monika dann nicht wie einen solchen?

 Wenn ein Perfektionist Sie kritisiert, fragen Sie nach dem Guten, das er verschweigt.

Perfektionisten heißen so, weil sie sich wegen 5 Prozent Fehlern aufregen und darüber 95 Prozent Erfolg vergessen. Fragen Sie deshalb explizit nach dem, was der Perfektionist verdrängt, verschweigt, unterschlägt.

 Die Schlüsselfrage lautet: »Wie sind Sie mit dem Rest zufrieden?«

Dazu ein Beispiel. Ferdinand sagt zu Ulrike: »Verdammt noch mal, du sagst mir letzte Woche 40 Testdatensätze zu und jetzt lieferst du mir nur 35! Das ist doch Oberkacke!« Derbe Worte, aber so reden Kollegen manchmal. Noch vor Wochen hätte Ulrike deshalb gedacht: »Oje, das ging voll daneben. Ich habe ihn enttäuscht!« Jetzt aber fragt sie: »Stimmt, ich habe nur 35 geschafft. Sind diese 35 denn in Ordnung?« Worauf Ferdi meint: »Ja, klar doch, die sind vollkommen in Ordnung!« Merken Sie was? Da fühlt man sich als Kritisierte doch gleich besser. Und noch besser fühlen Sie sich, wenn Sie weiterfragen: »Sind die 35 komplett? Aussagefähig genug? Übersichtlich genug dargestellt?« Je mehr positive Eigenschaften Sie nachfragen, desto stärker blendet der Perfektionist das wieder ein, was er vorher ausgeblendet hat: 95 Prozent Ihrer Leistung sind okay, voll in Ordnung. Schöner Nebeneffekt dieser Kritiktechnik: So kommen Sie auch bei Perfektionisten zu der Anerkennung, die Ihnen zusteht.

Dieses Rezept hilft auch, wenn Sie wie die meisten Frauen selbst eine kleine Perfektionistin sind. Der schlimmste Kritiker einer Frau ist nämlich die Frau selbst. Ulrike sagt selbst oft genug: »Das ging wieder voll daneben.« Worauf ihre beste Freundin regelmäßig beschwichtigt: »Stimmt doch nicht. Dies und das hat dabei doch recht gut geklappt. Du schaust mal wieder nur auf die Fehler!« Diese nützliche Funktion der besten Freundin hat Ulrike nach zwei Coaching-Sitzungen jetzt internalisiert: Sie ist sich selbst eine gute Freundin und blendet das ein, was sie ausblendet, wenn sie sich überzogen und perfektionistisch selbst kritisiert: ihre Erfolge und Leistungen.

Mobbing

Die Grenze zwischen harscher Kritik und Mobbing ist schnell überschritten:

- ❏ »Sie sind ja völlig unfähig!«
- ❏ »Sie schaffen das doch nie!«
- ❏ »Als Frau haben Sie eben keine Ahnung von Technik!«

Der Ton in den Unternehmen ist in den letzten wirtschaftlich schwierigen Jahren ziemlich heftig geworden. Viele Beschäftigte leiden darunter. Die psychosomatischen Erkrankungen, die Arbeitsneurosen und Depressionen nehmen derzeit sprunghaft zu. Frauen leiden besonders stark unter der Vermobbung des Arbeitsklimas. Das ist die falsche Strategie. Leiden Sie nicht, wehren Sie sich.

Die meisten Frauen reagieren auf Mobbing mit Rückzug oder Entrüstung: »Was fällt Ihnen ein!« Da frohlockt der Mobber doch: Eine Beute, die sich entrüstet, ist schwach. Erinnern Sie sich lieber an das, was schon die Oma sagte:

 Auf einen groben Klotz gehört ein grober Keil.

Wenn jemand grob zu Ihnen wird, werden Sie ebenfalls grob – Frauen können das übrigens deutlich besser als Männer. Der Ruf der Zicke ist nicht ganz unbegründet und kann bei Mobbing Ihr Lebensretter sein:

❑ »*Sie* können grad reden!«
❑ »Ausgerechnet Sie wollen mir was über ... erzählen? Dass ich nicht lache!«
❑ »Seit wann sind Sie denn ein Experte für ... ?«

Sie können auch mit einer feineren Klinge fechten:

❑ »Mit Ihrer unsachlichen Bemerkung wollen Sie wohl von eigenen Fehlern ablenken. Was haben Sie denn zu verbergen?«
❑ »Wer ist Ihnen denn heute schon auf den Schlips getreten?«
❑ »Sie suchen offensichtlich einen Sündenbock für Ihre aufgestaute Wut. Suchen Sie sich einen anderen.«

Sie können jeden Mobbing-Angriff auch von der hohen moralischen Ebene der Souveränität herab erfolgreich abwehren, indem Sie einfach die feindlichen Emotionen des Angreifers ignorieren

Lassen Sie sich nichts gefallen!

(das klappt mit etwas Übung tadellos) und betont sachlich reagieren, britisch unterkühlt sozusagen:

❏ »Was genau möchten Sie mir damit sagen?«
❏ »Und das heißt jetzt ... ?«
❏ »Worum geht's denn konkret?«
❏ »Was meinen Sie denn damit?«

Sie können auch ganz clever mit Rollenstereotypen spielen:

❏ »Aha, Sie haben heute noch keine Frau fertiggemacht und jetzt kommen Sie zu mir. Was kann ich denn für Sie tun?«
❏ »Ihnen ist sicher bewusst, dass Sie sich gerade des Straftatbestandes der sexuellen Diskriminierung schuldig machen.«
❏ »Was haben Sie eigentlich gegen Frauen?«
❏ »Warum kommen Sie eigentlich so schlecht mit Frauen zurecht?«

Auch die Meta-Kommunikation, die Kommunikation über die Kommunikation, hilft weiter:

❏ »Glauben Sie wirklich, dass diese unsachliche Kritik uns jetzt weiterhilft?«
❏ »Ich verstehe, dass Sie zu aufgeregt sind, um sachlich zu bleiben. Könnten wir es trotzdem versuchen?«

Was alle diese Ansätze gemein haben: Sie funktionieren nur, wenn Sie sich innerlich *über* den Mobbing-Angriff stellen. Das schaffen Sie, wenn Sie Mobbing als das erkennen, was es ist: unmoralisch. Auch wenn die Versuchung groß ist: Nehmen Sie nicht die Opferrolle an. Ordnen Sie sich dem Angriff emotional nicht unter. Bleiben Sie oben.

Danke für die Kritik!

Mit etwas Übung werden Sie erleben, dass Ihnen Kritik bald schon nichts mehr ausmacht. Dass sie Sie nicht mehr verletzt, betroffen macht. Doch das ist nur der Anfang. Mit der Zeit werden Sie so souverän werden, dass Ihnen Kritik sogar jederzeit willkommen ist.

Sie werden sich richtig darüber freuen. Denn an Kritik können Sie eine Menge über sich und den Kritiker lernen. Kritikkompetente berufstätige Frauen ermuntern ihre Mitmenschen sogar immer wieder dazu, offen Kritik zu äußern, und belohnen sie auch noch dafür: »Danke für das offene Wort. Sie haben Recht, da muss was geschehen.« Warum tun die das? Weil eine offene Kommunikation Voraussetzung für Erfolg und Zufriedenheit ist. Wir lügen uns alle derzeit viel zu sehr gegenseitig in die Tasche. Das tut weder der Wirtschaft noch dem Klima noch uns selbst gut.

11   Ihr Rhetorik-Fitness-Training

Wir bewundern Menschen, die sich gut ausdrücken können. Was viele dabei denken: »Könnte ich das bloß auch so gut!« Ich garantiere Ihnen: Sie können! Wenn Sie ein zentrales Prinzip menschlicher Entwicklung beherzigen:

 Schwimmen lernt frau beim Schwimmen, Rechnen beim Rechnen und Reden beim Reden. Es gibt keinen anderen Weg – aber es macht Spaß.

Pfeifen Sie auf Disziplin und Überwindung! Suchen Sie sich von den folgenden eine Übung aus, die Ihnen Spaß macht – die Lust auf die anderen folgt dann automatisch. Sie dürfen die Übungen nach Herzenslust modifizieren oder verändern und sich neue ausdenken. Wir reden jeden Tag so viel – lasst uns dabei besser werden!

Ich frage meine beste Freundin!

- ❏ Sag mal, wenn ich spreche, wirke ich dann eher unsicher oder eher dominant? Gar schüchtern oder im Gegenteil rechthaberisch?
- ❏ Sage ich viel »Äh« oder ein anderes Füllsel, stottere ich häufig?
- ❏ Rede ich zu schnell, zu langsam, zu laut, zu piepsig, zittert meine Stimme?
- ❏ Was nervt dich an meiner Sprache? Welche Macken, Ticks, Marotten?

Feedback is the breakfast of champions

Eine Seminarteilnehmerin berichtet schmunzelnd: »Mein Schwester verriet mir, dass ich seit Kindesbeinen an bei jedem dritten Satz unbewusst ans linke Ohrläppchen greife. Hat mich erst schockiert, aber dann war ich ihr dankbar.«

❑ Was findest du gut an der Art und Weise, wie ich mich ausdrücke?
❑ Was könnte ich besser machen?
❑ Was sollte ich auf jeden Fall beibehalten?

Tipp Sie können natürlich auch einen professionellen (selbstverständlich) weiblichen Coach danach fragen!

Ich trau mich!

Frauen leisten viel, werden aber nicht immer ernst genommen und ernten wenig Anerkennung, Respekt oder Beförderung, weil sie den Mund nicht aufkriegen. Das Ziel ist, sich (mehr) zu trauen, mehr zu sagen, hörbarer und damit sichtbarer zu werden, sich in Meetings besser durchzusetzen, sich nicht ständig unterbrechen zu lassen, mehr Gehör zu finden:

Dieses Ziel braucht Vorbereitung!

❑ Für mein nächstes Meeting (Gespräch mit …) nehme ich mir vor: Ich werde … Mal das Wort ergreifen! (Wenn Sie den Mund bisher überhaupt nicht aufgemacht haben, ist ein Mal bereits ein hohes Ziel.)
❑ In Vorbereitung auf dieses Ziel lege ich mir folgende Themen oder Sätze zurecht, die ich zur Sprache bringen werde: …
❑ Ich übe meine Wortmeldung so lange »trocken«, bis ich mich sicher damit fühle.
❑ Wenn ich es mir vorgenommen und trotzdem wieder nicht geschafft habe, verzichte ich dieses Mal auf Vorwürfe und

verkleinere stattdessen mein Ziel. So lange, bis ich mich traue. Dann erst vergrößere ich das Ziel um den nächsten (kleinen!) Schritt.

Ich hole mir das Wort zurück!

- ❏ Wenn ich unterbrochen werde (Frauen werden das häufiger), wie habe ich bislang darauf reagiert?
- ❏ Was möchte ich künftig daraufhin sagen? Wie hole ich mir das Wort zurück?
- ❏ Legen Sie sich einige Musterformulierungen zurecht, zum Beispiel: »Wie ich bereits sagte, bevor ich so charmant/unsanft unterbrochen wurde …«, »Nach diesem kleinen Ausflug in die Irrelevanz zurück zum Wesentlichen.«, »Um den Faden wieder aufzunehmen …«, »Danke für die Ergänzung …«

Die Musterformulierung ist das Werkzeug der Rhetorikerin

Ich wehre mich!

- ❏ Wenn ich von … verbal angegriffen werde, wie reagiere ich bisher?
- ❏ Wie möchte ich künftig darauf reagieren? Was möchte ich sagen?
- ❏ Wie wird er/sie darauf reagieren?
- ❏ Sollte ich in Anbetracht dieser Reaktion meine Wortwahl ändern? Wie?

 Es ist nie gut, nur eine Antwort parat zu haben. Wer sich mehrere Erwiderungen zurechtlegt, hat für jede Situation etwas dabei.

Ich erweitere meinen Wortschatz

Tipp Treten Sie einem Sprechclub wie zum Beispiel den »Toastmasters« bei. Solche Clubs sind eine super Trainingsgelegenheit und bringen Sie enorm voran.

Lassen Sie sich immer wieder neue Varianten einfallen!

- ❑ Was werde ich demnächst zu wem sagen? Wie könnte ich das, was ich sagen will, auf andere Weise sagen?
- ❑ Wie viele verschiedene Ausdrucksweisen für diesen Sachverhalt fallen mir ein?
- ❑ Wie ändern sich Bedeutung, Unterton und Wirkung, wenn ich andere Worte wähle?
- ❑ Was habe ich heute schon gesagt, was nicht so toll ankam? Wie hätte ich es anders sagen können? Wie noch? Und wie noch?

Sprach-Karaoke

Einzige Regel: Es darf kein Stichwort abgelehnt werden

- ❑ Ich bitte meinen Partner oder eine gute Freundin, mir ein Stichwort zuzuwerfen, und halte zu diesem Stichwort ein 60-Sekunden-Impulsreferat. Alternative für extrem Introvertierte: Mit dem Finger blind in ein Buch tippen und das erstbeste Wort nehmen.
- ❑ Ich lasse mir drei willkürlich gewählte Stichworte zuwerfen (z.B. »Handy – Polkappen – Rhythmus«) und werde diese in einem Kurzvortrag miteinander verbinden.
- ❑ Ich erzähle einen Witz.

Kein Witz: Viele Frauen haben Probleme, Witze wirklich gut zu erzählen. Die straffe Kunstform des Witzes (auf das Nötigste verschlankte Hinleitung mit kurzer Pointe) entspricht nicht ihrem eher ausladenden Sprechstil. Leider monieren genau diesen Stil viele Vorgesetzte, Kunden und Kollegen: »Die Frau kommt nicht auf den Punkt!«

Sprach-Müllabfuhr

- ❏ Ich achte auf Sprachmüll, der mir unbewusst entschlüpft.
- ❏ Ich hole mir diesbezüglich Feedback.
- ❏ Ich analysiere, was ich sage, per Tonband oder Video auf Sprachmüll.
- ❏ Ich gewöhne mir meinen persönlichen Sprachmüll ab.

Achten Sie insbesondere auf folgende Müllstücke: eigentlich, vielleicht, ein bisschen, schon, irgendwie, irgendwo, irgendwann, naja, toll, super, könnte, hätte, sollte, müsste, dürfte. Welche fallen Ihnen noch ein?

z.B. Die Einkäuferin eines Mittelständlers ruft einen Lieferanten an: »Könnten Sie uns ein Angebot über 500 Dichtungsringe machen?« Der Lieferant grinst: »Typisch Frau, kommt halt schwach rüber. Jeder Mann im Einkauf sagt: ›Machen Sie mir ein Angebot für 500 Dichtungsringe!‹«

Die vier K: kurz – knapp – knackig – klar

Frauen reden (manchmal) zu viel. Gewiss: Sie meinen es gut. Doch im Business gilt der alte Telefongrundsatz: Fasse dich kurz! Nehmen Sie sich einen Zettel oder Ihr Notebook und kürzen Sie den folgenden Text so weit wie möglich. Dem Text vorausgegangen ist die Bitte einer Vorgesetzten an ihre Assistentin, doch bitte mal herauszubekommen, ob es im Sinne eines Bewegungsausgleichs für ihre 17 vorwiegend sitzenden Mitarbeiter sinnvoll wäre, einige Mini-Trampolins in einem freien Sitzungssaal aufzustellen. Die Assistentin berichtet:

»Also, ich habe dann zuerst einmal im Internet recherchiert: Die Dinger gibt's schon ganz billig für kaum 30 Euro. Bei Aldi gab's

In der Kürze liegt die Würze

neulich sogar noch billigere. Die teuersten kommen auf über 200 Euro – wobei ich nicht herausgefunden habe, warum die so teuer sind. Hersteller streichen natürlich alle den gesundheitlichen Nutzen heraus, wobei sie nicht so genau sagen, worin der bestehen soll. Also habe ich einen Sportmediziner hier am Ort angerufen, der meinte, dass einem gut durchtrainierten Menschen das Rumgehopse gar nichts bringen würde. Unabhängige Studien habe ich keine gefunden. Durch Zufall habe ich erfahren, dass drei andere Unternehmen in der Stadt auch Mini-Trampolins angeschafft haben. Die Leute finden das wirklich toll, aber nur in einem Unternehmen nutzen die Mitarbeiter sie auch regelmäßig.«

Und jetzt Sie: Wenn Sie sich nur auf das Wesentliche konzentrieren – wie kurz fällt Ihre Antwort auf die Recherche-Anfrage der oben zitierten Vorgesetzten aus? Legen Sie hier eine Lesepause ein, wenn Sie die Aufgabe bearbeiten möchten. Denn wie Sie sicher ahnen, kommt jetzt gleich die Auflösung.

Erst einmal: Wozu die Tirade über den Preis? Die Vorgesetzte hat nie nach dem Preis gefragt. Warum referiert die Assistentin darüber? Genau solche ausschweifenden Äußerungen sind es, die Frauen im Beruf (und anderswo) Sympathie- und Kompetenz-Minuspunkte einbringen. Deshalb lautet die Kurzfassung der Antwort:

»Ich habe keine unabhängigen Studien zum gesundheitlichen Nutzen gefunden. Aber wenn es einen gibt, ist er nicht der Engpassfaktor, sondern die Bereitschaft der Mitarbeiter, die Trampolins zu nutzen.« Das ist kurz, knapp, knackig und klar. Was fehlt noch? Kommen Sie drauf? Der folgende Satz:

»Wie ich beim Nachfragen in den Unternehmen am Ort herausfand: Die Mitarbeiter benutzen die Trampolins erst dann wirklich regelmäßig, wenn die Meinungsführer der Arbeitsgruppen und Büros sie regelmäßig nutzen. Also müssen wir zuerst unsere informellen Vorbilder für die Idee gewinnen.«

»Sag nicht in 30 Sätzen, was du in drei sagen kannst.«
Hans Carossa

Eine hohe Kunst: die Konzentration auf das Wesentliche

Kommen Sie auf den Punkt! So schnell und präzise wie möglich!

Achten Sie heute mal bewusst darauf, was Sie so sagen/ schreiben/lesen. Und hören/lesen Sie, was andere so sagen und schreiben. Und dann fragen Sie sich: Wie könnte ich das kürzer ausdrücken? Noch kürzer? Sehr viel kürzer? Auf den Punkt gebracht? In einem Satz?

Der Elevator-Pitch

Der Elevator-Pitch (wörtlich: Angebot im Aufzug) ist eine Übung aus dem Verkaufstraining: Auch die meisten Verkäufer reden viel zu viel, wie wir alle beim Shopping leider immer wieder erfahren müssen. Um ein Bonmot von C.G. Lichtenstein abzuwandeln: »Ich rede viel, weil ich mir nicht die Mühe mache, wenig zu reden.« Machen Sie sich die Mühe. Treten Sie geistig in einen Aufzug und geben Sie sich für die folgenden Übungen jeweils 60, dann 30 Sekunden:

❑ Ich stelle mich einem neuen Teammitglied vor mit Name, Geburtsort, Funktion, (arbeitsplatzrelevanten) Vorlieben und Abneigungen und meiner Aufgabe im Team.

❑ Ich sage einem neuen Kunden, was er von mir persönlich erwarten kann.

❑ Ich vermittle in einem (fiktiven) Vorstellungsgespräch meinem (hoffentlich) künftigen Chef meine Vorzüge, Talente, Leistungen und Fähigkeiten.

Zur Erinnerung: In nur 60 bzw. 30 Sekunden!

❑ Ich sage meinem Abteilungsleiter, warum ich die Beste bin für eine bestimmte Aufgabe, Position, Beförderung, Kundengruppe, ein bestimmtes Projekt …

❑ Ich teile einem Mitarbeiter klipp und klar mit, warum er so nicht weitermachen kann.

❑ Ich schildere und kommentiere die (verborgenen) Vorzüge meines Vorgesetzten.

❑ Ich sage meinem Beziehungspartner, was ich mir von ihm wünsche.

Eine Seminartcilnchmcrin platztc daraufhin spontan heraus: »Ich wünsche mir von ihm, dass er Weine nicht nur nach roten und weißen unterscheiden kann. Dass er endlich tanzen lernt, dass er seinen Schreibtisch aufräumt, dass er Cocktails mixen lernt und endlich, endlich seine Geldprobleme löst!« Darauf ihre Sitznachbarin ebenso spontan und lakonisch: »Dann sag's ihm endlich. Genau so.«

Schlagfertigkeit

Die meisten Frauen wünschen sich, schlagfertiger zu sein, nicht erst Minuten nach einem Gespräch darauf zu kommen, was sie hätten sagen können, sollen, müssen. Was viele nicht wissen:

> **Schlagfertigkeit ist nicht angeboren! Sie ist erlernt, das heißt erlernbar!**

- ❏ Wenn ich wieder mal alles andere als schlagfertig war, schiebe ich die Selbstvorwürfe ausnahmsweise beiseite und überlege mir: Mit welchen Worten möchte ich das nächste Mal parieren?
- ❏ Ich überlege mir dazu mindestens zwei Varianten und spreche diese so oft vor mich hin, bis ich mich wohl damit fühle.
- ❏ Ich lege in meinem Computer eine Sammlung schlagfertiger Sprüche an (Quellen: Bücher, Internet, schlagfertige Kollegen).
- ❏ Ich kaufe mir eine gute Zitatensammlung, streiche schöne Zitate an und memoriere diese.

Kommt die passende Gelegenheit, fällt Ihnen das passende Zitat dazu ein – nicht immer, aber immer öfter

Was ist überhaupt schlagfertig? Alles, was ironisch, witzig, humorvoll, provokant (lateinisch provocare – zum Denken anregen), geistreich oder sarkastisch ist, kurz: unerwartet!

z.B. Ganz üble Anmache: »Du warst auch schon mal schlanker.« Schlagfertige Retouren, von Seminarteilnehmerinnen vorgeschlagen: »Ich habe meine Tage.« (Das lässt jedes Lästermaul verstummen, erfordert aber einigen Mut.) »Ich bin schwanger.« (Klappt immer. Selbst dann, wenn frau es tatsächlich ist.) »Ich trainiere für die japanischen Sumoringer-Meisterschaften.«

Wir stellen fest: Übertreibung wirkt immer überraschend und damit schlagfertig – und ist ganz einfach. Übertreiben können wir schließlich alle. Die beste Freundin der Übertreibung ist die wild gewordene Fantasie:

z.B. So ein Seminar vorzubereiten ist manchmal so zeitintensiv, dass ich nicht zum Essen komme. Das hole ich dann oft beim ersten gemeinsamen Essen mit den Teilnehmenden nach. Deshalb werde ich oft (ziemlich unhöflich) gefragt: »Sie gehen *nochmals* zum Büffet?« Ich muss zugeben, dass mir das auch erst ein halbes Dutzend Mal passieren musste, bis ich mir eine wirklich schlagfertige Antwort zurechtgelegt hatte, die bei aller Bescheidenheit ziemlich fantastisch ist: »Ich habe eine seltene Krankheit. Ich muss so viel essen, sonst nehme ich ab.« Ich kann dabei förmlich sehen, wie es im Kopf des/der Angesprochenen rattert: »Krankheit? Welche Krankheit könnte das sein?«

Wenn's beim Gegenüber im Kopf rattert, wenn sein Blick leer wird, wenn er kurz aus dem Tritt kommt, seine Sprechrichtung ändert, unsicher wird, spontan lächelt oder lacht – dann waren Sie schlagfertig. Herzlichen Glückwunsch!

Ich jongliere!

Eine gute Rhetorik ist tatsächlich eine Frage des Trainings. Formulieren Sie!

Variieren Sie den Buchstaben

- ❑ »Ich freue mich!« Ich überlege mir fünf verschiedene Sätze, die dasselbe ausdrücken.
- ❑ Ich überlege mir fünf negative Verhaltensweisen, die mit A beginnen.
- ❑ Ich überlege mir fünf verschiedene Sätze, die allesamt aussagen: »Das haben Sie gut gemacht.«
- ❑ Ich überlege mir fünf verschiedene Sätze, die einem Kollegen sagen, was ich bei meiner letzten Aufgabe gut gemacht habe.

Was Sie davon haben

Manchmal bin ich richtig überrascht, wie fleißig Frauen ihr Rhetoriktraining betreiben. Das sagen sie mir darüber:

- ❑ »Ich hatte immer angenommen, dass Schlagfertigkeit und Kommunikationskompetenz irgendwie angeboren, halt nichts für mich sind. Jetzt trainiere ich meine Wortwahl, wie ich meine Bauchmuskeln im Studio trainiere. Und ich spüre die Wirkung!«
- ❑ »Selbst wenn es mal nicht so klappt: Die Menschen reagieren immer darauf, wenn ich mich anders ausdrücke.«
- ❑ »Schon komisch. Seit ich besser auf meine Worte achte, komme ich besser mit Menschen aus.«

Das Wort ist mächtiger als das Schwert

- ❑ »Ich glaube jetzt, dass die Sprache unser mächtigstes und nützlichstes Werkzeug ist. Alles ist Sprache!«
- ❑ »Mein Chef hat mehr zu sagen als ich. Aber ich kann es besser sagen als er.«

❑ »Was Archimedes nicht wusste: Der archimedische Punkt, mit dem man die Welt aus den Angeln heben kann, ist unsere Sprache. Mit ihr können wir alles bewegen.«

❑ »Es ist so schön, zu beobachten, wie bei Menschen die Augen aufleuchten, wenn ich genau die Worte finde, die ihr Herz oder ihren Verstand aufschließen.«

12   Quickguide:
Mit Worten bewegen

Wissen ist gut, Tun ist besser.
Katherine Hepburn

Wie wirken meine Worte?

❑   In welchen Situationen reagieren Menschen positiv auf mich?

❑   Was sage ich in diesen Situationen? Auf welche Weise? Mit welchen Worten? Mit welchem Unterton? Mit welcher inneren Einstellung dem Gesprächspartner gegenüber?

❑   In welchen Situationen reagieren Menschen nicht so auf mich, wie ich mir das wünsche?

❑   »Warum kapiert der das nicht?« Welche Gedanken über den anderen gehen mir da durch den Kopf?

❑   Anstatt die Schuld beim anderen, in seiner (unterstellten) Begriffsstutzigkeit oder seinen (unterstellten) bösen Absichten zu suchen: Wie könnte ich meine Worte (beim nächsten Mal) anders wählen, damit er so reagiert, wie ich mir das wünsche?

Achtsamkeit: Was bewirken meine Worte beim Gegenüber?

Meine Einstellung prägt meine Worte

Was geht Ihnen im Kopf herum, wenn Sie (in kritischen Situationen) kommunizieren? Kreuzen Sie an:

❑ »Hoffentlich mag er/sie mich.«

❑ »Ich mag diesen blöden Kerl/diese Zicke nicht.«

❑ »Die verstehen mich einfach nicht!«

❑ »Als Frau hat man es bei ihm sowieso schwer.«

❑ »Der will mich einfach nicht verstehen.«

❑ »Der/die hört sowieso nicht auf mich.«

❑ »Wir reden doch immer aneinander vorbei.«

❑ »Mit ihm/ihr kann man eben nicht vernünftig reden.«

❑ »Wie sage ich es so, dass es ihm/ihr bestimmt nicht wehtut?«

❑ »Ich würde ja schon gern … aber ich trau mich nicht wirklich.«

❑ »Ich habe wie jeder Mensch auf diesem Planeten das Recht, zu sagen, was mir wichtig ist. Mein Gegenüber hat wie jeder Mensch auf diesem Planeten das Recht, meine Meinung nicht gut zu finden.«

❑ »Es ist mir wichtiger, das zu sagen, was gesagt werden muss, als von allen geliebt zu werden.«

❑ »Ich kann offen und ehrlich reden und gleichzeitig beziehungsschonend formulieren.«

❑ »Ich gehe nicht über Leichen – aber über Leichtverletzte, wenn es sein muss.«

❑ »Wenn ich etwas von jemandem möchte, dann sage ich ihm das höflich und deutlich, ohne wie die Katze um den heißen Brei zu schleichen.«

❑ »Ich mache keine Andeutungen. Ich rede Klartext. Aber höflich.«

❑ »Wenn ich höflich bleibe, hat kein Mensch das Recht, mir böse zu sein.«

»Sprache ist Gesinnung.«
Kurt Tucholsky

Meine affirmativen Wegbegleiter

Suchen Sie sich einen »Kalenderspruch« für den heutigen Tag aus, kleben Sie ihn an den Kühlschrank oder den Bildschirm und folgen Sie ihm wie dem Nordstern. Morgen ist ein anderer dran:

❑ Ich kommuniziere klar und freundlich – und alle mögen mich dafür.

❑ Ich trainiere täglich und pflege meine Sprache wie ein schönes Pflänzchen.

❑ Ich achte auf das, was ich sage, und beobachte die Wirkung meiner Worte.

❑ Ich verändere meine Worte, bis ich die gewünschte Wirkung erziele.

❑ Wenn ich mir etwas wünsche, bitte ich bestimmt, offen und höflich darum.

❑ Wenn ich jemanden anweise, rede ich höflich, aber klar.

❑ Höflich ist wichtig. Viel wichtiger ist klar und unmissverständlich.

❑ Bevor ich rede, überlege ich mir, was ich erreichen möchte.

❑ Ich rede ruhig und klar. In Konflikten noch ruhiger und noch klarer.

❑ Wenn ich etwas nicht möchte, sage ich das auch.

❑ Wenn ich etwas gut mache, rede ich darüber: sachlich und offen.

❑ Ich gebe klare und unmissverständliche Anweisungen.

❑ Ich kritisiere so zeitnah wie möglich – aber immer freundlich.

❑ Wenn ich zu Unrecht kritisiert werde, stelle ich das richtig.

Es ist nie zu spät, sprechen zu lernen.
Jane Russell

Nachwort

Deine Worte sind Samenkörner.
Pflanze sie weise, damit die Ernte groß wird.
Chinesisches Sprichwort

Können Sie sprechen? Natürlich können Sie das, das ist doch selbstverständlich! Genau das ist das Problem. Eben weil Sprache so selbstverständlich ist, achten wir selten darauf, was wir damit anrichten, welche für uns schädlichen Reaktionen wir unbewusst mit unseren Worten provozieren, wie wir uns mit vielen unbedachten Äußerungen täglich selbst um Kopf und Kragen, Arbeitszufriedenheit, Anerkennung, Beförderung, gleiches Gehalt, die Achtung unserer Mitmenschen und den beruflichen Aufstieg reden. Das ist die Macht der Worte.
Diese Macht wird von den meisten Menschen unterschätzt. Dabei ist ihre Wirkung offensichtlich: Wenn Sie beruflich und privat erfolgreichen, authentischen und zufriedenen Frauen zuhören, werden Sie schnell bemerken:

 Erfolgreiche Frauen reden anders!

Es ist, als ob sie eine andere Sprache sprechen. Und genau das tun sie. Sie sprechen eine Sprache, mit der sie

❑ klar und unaufdringlich ihre Bedürfnisse artikulieren und deshalb das bekommen, was sie sich wünschen: Anerkennung, Beförderung, gleiches Gehalt, Privilegien ...;

- ❏ auch in Konflikten stark sein und ihre Interessen schützen können;
- ❏ männliche Verbalattacken elegant und souverän abwehren können;
- ❏ höflich, aber bestimmt Nein sagen können, wenn es sein muss;
- ❏ ihre eigenen Leistungen so darstellen können, dass sie dafür die Anerkennung bekommen, die sie verdienen;
- ❏ so anweisen und delegieren können, dass aufs erste Mal gemacht wird, was sie sagen;
- ❏ andere beziehungsfreundlich, aber deutlich kritisieren können;
- ❏ mit Kritik von anderen souverän und unbeschwert umgehen können.

Sprache, Erfolg und Zufriedenheit sind untrennbar miteinander verbunden. Verbessern sich Ihre Worte, verbessert sich auch Ihr Leben. Das Einzige, was Sie dafür investieren müssen, ist ein wenig guter Wille und etwas Übung. Die Übung bekommen Sie quasi gratis – denn Sie reden ja sowieso jeden Tag!

Wenn Sie nach Ihrer Buchlektüre auch nur einmal am Tag genauer auf das hören, was Sie so sagen, und daraufhin beim nächsten Mal Ihre Worte weiser wählen, können wir uns beide zu diesem Erfolg schon gratulieren. Und je öfter Sie diese weise Wahl ausüben, je überlegter Ihre Worte werden, desto besser wird es Ihnen beruflich und privat gehen und desto besser werden Sie sich dabei fühlen.

Auf diesem Weg der Besserung wünsche ich Ihnen viel Spaß und Erfolg. Wenn ich Sie auf diesem Weg unterstützen kann, tue ich das selbstverständlich gern. Hier erreichen Sie mich:

metatalk Kommunikation + Training
Dr. Cornelia Topf
Weichselweg 1
86169 Augsburg
Tel.: 08 21-70 48 82
E-Mail: info@metatalk-training.de
Homepage: www.metatalk-training.de

Stichwortverzeichnis

Über die Autorin

Dr. Cornelia Topf ist ausgewiesene Expertin für Erfolgskommunikation.

Der Erfolg ihrer Seminare, Coachings und Vorträge auf internationaler Bühne und ihrer mittlerweile ein Dutzend Ratgeber und Bestseller spricht für sich und ihren praxisnahen, pointierten und mitreißenden Stil. Sie ist seit über 20 Jahren Executive Coach, Trainerin, Vortragsrednerin und Leiterin von metatalk, dem renommierten Augsburger Institut für Erfolgskommunikation. Sie ist international aktiv, insbesondere mit den Themen souveräne Körpersprache, überzeugende Rhetorik, begeisterndes Auftreten, professionelle Verhandlungsführung, gewinnende Wirkung, souveränes Verhalten in allen Situationen, nachhaltige Selbstsicherheit und Frau und Karriere.